**재미난 숫자 이야기를 읽다 보면
수학이 어렵지 않아요!**

HOW WE COUNT

Text copyright © 2021 Lume Livros
Author: Clarice Uba
Illustrator: Felipe Tognoli
Game and puzzle developer: Ernane Guimarães
Korean Translation Copyright © 2023 GEULDAM Publishing Co.
All rights reserved.
Published by arrangement with Lume Livros through AMO Agency.

이 책의 한국어판 저작권은 AMO에이전시를 통해 저작권자와 독점 계약한 글담출판사에 있습니다.
저작권법에 의해 한국 내에서 보호를 받는 저작물이므로 무단 전재와 무단 복제를 금합니다.

재미난 숫자 이야기를 읽다 보면 수학이 어렵지 않아요!

0부터 파이(π)까지, 초등 수 개념을 정확히 알면 방정식, 미적분이 쉬워진다

클라리시 우바 글 | 펠리페 토뇰리 그림 | 이동환 감수 | 김일선 옮김

글담출판

◆ 추천의 글 ◆

수학교육연구자이자 아버지로서
초등생 자녀에게 꼭 들려주고 싶은 이야기

"수학은 도대체 누가 만들었나요?"

학생들이 저에게 따지듯이 이런 질문을 하는 경우가 있습니다. 수학을 만든 그 사람들 때문에 자신들이 고생한다고 생각하는 것 같아요. 이 책은 바로 이 질문에 대한 답이라고 볼 수 있어요. 이 책을 읽어 보면 알 수 있습니다. 수학을 만든 사람들은 여러분을 괴롭히려는 고약한 마음을 가진 것이 아니고 우리와 다른 별난 사람들도 아니에요. 여러분이나 저와 같은 평범한 사람들이 일상생활의 필요를 해결하다 보니 수학이 자연스럽게 만들어지고 생겨난 것이지요. 그러니까 수학은 누구나 배울 수 있고 즐겁게 공부할 수 있는 과목이라고 할 수 있어요.

이 책은 수 개념, 도형, 방정식 등 우리가 학교에서 배우는 수학 개념이 어떻게 시작되었는지를 친절하게 설명하고 있어요. 그리고 그러한 개념의 시작은 항상 우리 주변의 작은 문제로부터 시작되었어요. 이렇게 수학의 첫 모습을 알게 된다면 수학 공부가 훨씬 쉽고 재미있겠죠. 초등 때 수학을 즐겁게 경험해야 수학을 좋아하고 잘하게 돼요.

그래도 수학을 공부하다 보면 이해가 잘 안 되고 어려운 개념을 만나는 경우가 있을 거예요. 그런데 여러분만 그런 경험을 한 게 아니라 과거의 뛰어난 수학자들도 마찬가지였어요. 이 책에 나온 예를 들어 보자면, 숫자 0이 그렇습니다. 여러분 중에 0을 어려워하는 사람이 있을까요? 없을 것 같네요. 그런데 과거에는 0을 받아들지 못하는 사람이 대부분이었답니다. 하지만 여러 사람이 0에 대해 생각하고 연구하면서 지금은 0이 너무나 당연한 개념으로 받아들여지고 있죠. 그러니까 수학을 공부하다 어려운 내용이 나오더라도 좌절할 필요가 없어요. 이렇게 수학이 생겨나고 발전하면서 거쳤던 과정과 어려움을 알게 된다면 수학 공부가 훨씬 즐거워질 것입니다.

◆ 프롤로그 ◆

수학이 어렵고 싫기만 한가요?

　여러분이 학교에서 처음 수학을 배우기 시작할 때는 일상생활과 전혀 상관이 없고 평생 절대 쓸 일이 없는 과목처럼 느끼기 쉽습니다. 하지만 찬찬히 주위를 돌아보면 온 세상이 수학으로 뒤덮여 있다는 사실을 쉽게 알 수 있습니다.

　여러분이 사는 집이나 건물의 벽이 곧게 서 있고, 건물이 무너지지 않는 이유는 수학을 이용해서 안전하게 건물을 지었기 때문이에요. 매일 사용하는 컴퓨터는 그야말로 수학 그 자체라고 해도 될 정도이지요. 컴퓨터 덕분에 누구나 인터넷에서 원하는 정보나 동영상 등을 찾아볼 수 있습니다. 수학은 그 외에도 많은 곳에서 쓰이고 있습니다. 생필품이 배송되어 마트의 진열대에 쌓이는 과정에도, 심지어 이 책이 만들어지는 과정에도 수학이 필요합니다. 그것은 이 책이 수학에 관한 책이어서가 아니라, 책을 인쇄하고 출판하는 모든 과정에 수학이 쓰이기 때문입니다.

　수학을 단순하고 알기 쉬운 학문이라고 말하기는 힘듭니다. 우리가 매일 사용하는 숫자인 1, 2, 3, 4, 5, 6, 7, 8, 9처럼 아주 기본적인 수학조차도 몇백 년 동안 사람들이 머리를 맞대어 연구한 결과로 만들어진 것이니까요. 수학의 멋진 점 중 하나는 아무것도 버려지지 않는다는 점입니다. 수천 년 동안 사람들이 배우고 쌓아 온 수학적 지식이 여전히 쓰이고 있고, 심지어 새로운 발견의 토대가 되고 있거든요.

이 책에는 오랜 세월에 걸쳐서 사람들이 탐구해 온 수학에 관한 놀랍고 재미있는 이야기가 담겨 있습니다. 이 이야기를 통해서 우리가 지금 누리는 모든 것이 많은 사람의 헌신적인 연구와 발견에 힘입은 것이라는 사실을 알게 될 겁니다.

1부에서 수의 탄생부터 수학이 걸어온 길을 다 읽고 나면 2부에서는 수학의 즐거움이 가득한 게임을 재미있게 해볼 수 있을 거예요.

자, 이제 시작해 볼까요?

차례

추천의 글 수학교육연구자이자 아버지로서
초등생 자녀에게 꼭 들려주고 싶은 이야기 4
프롤로그 수학이 어렵고 싫기만 한가요? 6

1부. 재미있는 숫자 이야기

- 012 수가 없었을 때는 어떻게 살았을까?
- 019 수를 세는 방법이 한 가지가 아니라고?
- 023 우리 손가락은 10개, 그래서 십진법!
- 032 고대 그리스 사람들의 못 말리는 도형 사랑
- 037 막대기만으로 피라미드의 높이를 잰 탈레스
- 040 직각삼각형의 비밀을 밝힌 피타고라스
- 047 아이디어 하나로, 지구의 둘레를 계산한 에라토스테네스
- 056 똑똑한 수학자들도 수 읽고 쓰기는 어려워!
- 064 인도가 최초! 0의 위대함
- 074 '2 + 2'의 기적
- 086 3.14159265359, 어디까지 계산해 봤니?
- 092 파이에서 로켓 발사까지
- 101 나는 몇 살일까요? 디오판토스의 묘비에 새겨진 방정식
- 113 디오판토스의 나이를 맞혀 볼까요?

2부. 수학이 좋아지는 놀이

- 122 0과 1만으로 사고팔기
- 130 피라미드 종이접기
- 136 우주 추격전
- 146 눈썰미 왕
- 152 파이의 바다
- 158 알쏭달쏭 수수께끼

1부
재미있는 숫자 이야기

수가 없었을 때는
어떻게 살았을까?

수나 수학이 없는 세상을 상상할 수 있나요? 그런 세상에서는 나이도 알 수 없고, 며칠이 지나야 일요일이 오는지도 모르고, 형이나 동생이 몇 명인지도 알 수 없겠지요?

애초에 수가 없었다면 아마 이런 건 전혀 신경 쓸 일이 아닐 거예요.

오늘날 우리가 사는 세상은 물건값이나 기온, 도량형 단위 등 숫자로 가득해요. 자연히 누구나 수를 이용해서 생각하는 데 익숙하지요. 그래서 사람이 태생적으로 수와 그리 친한 존재가 아니었다는 점을 쉽게 잊어요. 심지어 '수'가 돌이나 물처럼 본래 자연에 존재하는 것이 아니라 오래전에 누군가가 만들어 낸 것이라는 사실조차 잘 모르지요. 그렇다고 해서 수가 만들어지기 전에 살았던 사람들이 많고 적음의 개념조차 몰랐다는 뜻은 아니에요. 원시인들도 매머드 2마리가 1마리보다 많다는 것, 혼자서 5명을 상대로 싸워야 하는 상황이 좋지 않다는 것 정도는 알았을 거예요. 하지만 현실에서 보는 매머드나 돌멩이와 같은 사물과 연결하지 않고 1이나 2, 5 같은 '수' 개념을 떠올리기는 훨씬 어려웠을 것입니다.

  지금도 남아메리카 아마존강 유역의 밀림에 현대 문명과 동떨어져 살아가는 문두루쿠 부족은 수를 거의 사용하지 않아요. 문명 세계의 어린아이들도 어른들이 가르쳐 주기 전까지는 절대로 혼자서 수라는 개념을 터득하지 못합니다. 수의 개념이 없는 부족이나 어린아이들을 관찰하면 사람이 수를 전혀 배우지 않았을 때 어떤 식으로 많고 적음이라는 개념을 받아들이는지를 알 수 있어요. 학자들은 이런 방법을 이용해서 인류의 조상들이 수를 생각했던 방식을 이해하고자 했습니다.

많은 증거를 통해 수가 대략 1만 년 전 무렵 만들어졌다고 알려져 있어요. 먹을 것을 찾아 이리저리 떠돌아다니며 살아가던 인류는 이 무렵 곡식을 심어서 식량을 얻는 방법을 찾아냈어요. 시간이 지나면서 수확량이 많아지자 농사로 얻은 곡식을 다른 물건이나 식량과 맞바꿀 필요가 생겼어요. 이 과정에서 서로 손해를 보지 않기 위해 수라는 개념이 만들어졌고, 교역 또는 상업이라는 행위도 시작되었다고 여겨집니다.

그 결과 학자들은 이런 부족들이 대체로 1, 2, 3 정도까지의 수만 사용하고 그 이상은 그저 '많다'라고 표현한다는 것을 알게 되었습니다. 하지만 그렇다고 해서 이 부족들이 많고 적음이라는 개념을 확실하게 안다는 의미는 아니에요. 단지 1, 2, 3과 '많음'이라는 상태를 각각 다른 것으로 받아들인다는 뜻일 뿐이죠.

우리가 수를 배울 때를 떠올리면 이해하기 쉬워요. 우리도 처음에는 어떤 물건의 양을 재는 도구로 수를 접하기 시작하잖아요.

어떤 것이라도 서너 개 넘게 모여 있으면 누구라도 한눈에 몇 개인지 알아보기가 어려워요. 0이라는 글자가 모여 있는 예가 좋겠네요.
0000에서는 0이 몇 개인지 알아보기 쉽나요?
그럼 000000000에는 0이 몇 개인가요?
아마 한눈에 잘 들어오지 않아서 몇 개인지 차근차근 세어 봐야 할 거예요.

1개에서 10개까지의 조약돌이 각각 들어 있는 주머니 10개가 있다고 가정해 볼까요? 안에 들어 있는 조약돌 수에 따라 줄을 세워 보라고 하면 대부분 1개짜리부터 10개짜리까지 나란히 늘어놓을 겁니다.

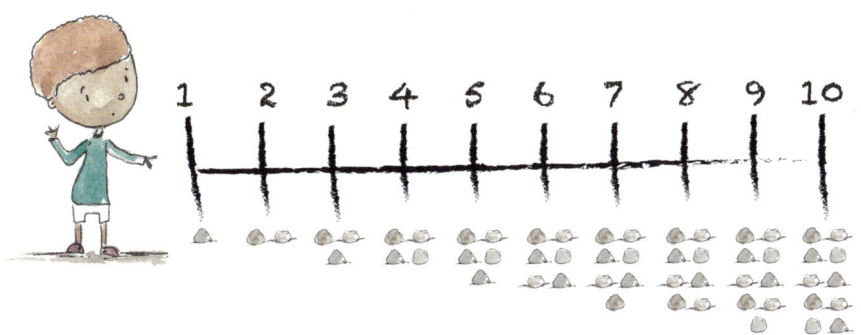

이런 식으로 늘어놓으면 1 다음에 2가 오고, 3 다음에 4가 오는데요, 모두 앞의 조약돌 개수에 1을 더한 숫자로, 각 주머니 사이의 차이는 1개가 됩니다. 이처럼 각 단계 사이의 차이가 똑같은 숫자가 늘어서 있는 것을 '똑바로 한 줄로 늘어선 수들'이라는 뜻으로 '선형 수열(線形 數列)'이라고 부릅니다.

그런데 똑같은 질문을 문두루쿠족에게 하면 이들은 조금 다른 답을 내놓습니다.

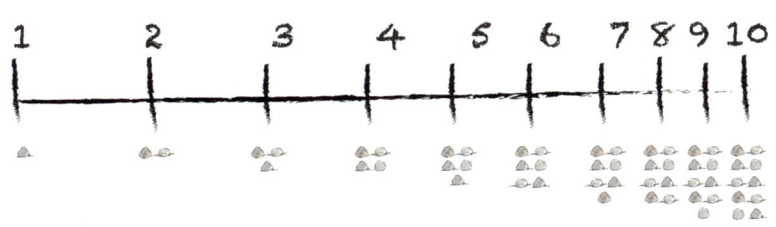

그림이 어딘가 잘못된 것 같나요? 문두루쿠족의 생각이 틀린 건 아니에요. 그저 숫자가 여러 개 있을 때 우리와 조금 다른 방식으로 바라볼 뿐이죠. 문두루쿠족에게 가장 중요한 것은 각 주머니 사이의 조약돌 개수가 얼마나 비슷하고 얼마나 차이가 나느냐입니다. 이들에게 9나 10을 가리키는 숫자는 없지만 이들도 10이 9보다 크고 9와 10이 거의 비슷하다는 것을 아는 거죠.

그림처럼 개수가 많아질수록 가까이 늘어놓는 방식을 '로그(log) 수열'이라고 불러요. 로그는 두 수를 '차이의 크기'보다 '차이의 비율'로 바라보는 방법입니다. 이렇게 늘어놓으면 '많다'라는 상태의 차이를 한눈에 알아볼 수 있어요. 2는 1과 1개 차이가 나지만 2배나 많으니 '훨씬' 많다고 할 수 있지요. 하지만 똑같이 10도 9와 1개 차이가 나지만 비율로 보면 9보다 '살짝' 많아진 거잖아요? 학교에서 숫자를 배우기 전의 어린이라면 아마 문두루쿠족과 비슷하게 생각하지 않을까요?

문두루쿠족 사람들은 하나씩 세어 보지 않고도 어느 나무에 열매가 더 많은지, 다른 부족과 다툼이 났을 때 어느 편에 사람이 더 많은지 금방 파악할 수 있어요. 이런 능력 덕분에 "저 나무 말고 이 나무에 올라서 열매를 따자."라든가 "이번에는 맞서 싸우지 말고 일단 물러나자."와 같은 중요한 결정을 빠르게 내릴 수 있습니다. 이들에게는 많고 적음을 잘 파악하는 능력이 나무에 열매가 정확히 몇 개 달려 있는지, 또는 상대방의 인원이 몇 명인지를 알아내는 것보다 훨씬 쓸모 있고 중요합니다.

동물도 많고 적음이라는 수량 개념을 사람과 비슷한 방식으로 이해합니다. 예를 들어 강아지는 과자 3개가 1개보다 많다는 것을 알아요. 물론 학자들이 엄청나게 고생해서 가르쳤겠지만, 어떤 동물은 숫자 개념을 이해하고 심지어 더하기도 할 줄 안답니다. 사람만큼이나 말을 잘 해서 널리 알려졌던 아프리카 앵무새 알렉스는 더하기를 할 줄 알아 유명했어요. 심지어 0보다 작은 음수도 이해했죠. 알렉스는 숫자를 8까지 셀 수 있었는데, 같이 실험에 동원된 다른 동물들보다 월등히 뛰어났고 사람과 가까운 동물인 침팬지보다도 나았다고 해요.

학교에서 수학을 배운다고 해서 우리가 가진 '많고 적음'에 대한 타고난 감각이 사라지지는 않아요. 무언가 사 먹고 싶을 때 지갑을 슬쩍 열어 보고도 돈이 충분한지 아닌지 파악하고, 마트에 가서 어느 줄에 서야 빨리 계산하고 나갈 수 있는지 판단할 때처럼 말이죠.

그러면 오늘날 우리가 일상적으로 수를 다루고 생각하는 방법은 어떻게 만들어졌을까요? 그것은 어느 한 사람이 생각해 낸 것이 아니라, 지금 학교에서 배우는 형태의 수학이 나타나기 훨씬 전부터 오랜 세월에 걸쳐 수많은 사람의 지혜가 쌓여서 만들어졌답니다.

수를 세는 방법이
한 가지가 아니라고?

친구와 둘이서 게임을 하는데, 더 많이 이긴 사람의 소원을 들어주기로 했어요. 이때 어떤 방법으로 승패를 적어 놓으면 좋을까요?

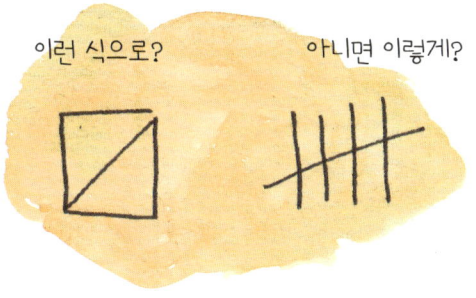

뭐, 적어 놓기가 귀찮다면 손가락을 접어 가며 세는 방법도 있어요.

이 방법들이 언뜻 보면 생소하고 서로 달라 보일지 몰라도 모두 다 수를 세는 방법입니다. 누가 게임을 더 많이 이겼는지, 또는 생일까지 며칠이나 남았는지를 셀 때도 많이 쓰는 방법이지요. 사람들이 자기가 가진 가축이나 곡식 같은 재산의 양을 가늠하려고 수천 년 동안 써온 방법입니다.

역사적으로 사람들은 자신이 가진 것을 기록할 좋은 방법을 만들어 내려고 오랫동안 애써 왔어요. 줄이 그어진 2만 년 전의 동물 뼈를 고고학자들이 발견하기도 했답니다. 당시 사람들이 수를 기록할 용도로 쓴 것으로 보여요. 물론 그보다 더 많은 방법이 있었을 테지만, 우리가 현재 알 수 있는 것은 지금까지 사라지지 않고 전해져 내려온 방법뿐이에요.

시베리아에서 순록을 키우며 살아가는 유카기르족은 수를 셀 때 몸의 정해진 여러 부위를 한 번씩 치고, 한 바퀴 다 돌면 '1명'이라고 해요. 순록 94마리를 이 방식으로 세면 '세 사람하고 반 사람, 이마, 양쪽 눈, 코'가 됩니다.

몸의 일부를 이용해서 수를 세는 방법은 아주 오래되었고 지금도 사용되고 있어요. 손가락, 발가락뿐만 아니라 손금, 팔꿈치, 겨드랑이처럼 몸의 어느 부위든 마음 내키는 대로 사용할 수 있지요.

사용하려는 수가 그리 크지 않다면 이 방법은 실생활에서 굉장히 편리합니다. 누군가 양 5마리를 갖고 있을 때 손가락 하나에 한 마리씩이라고 기억한다면 한 손의 손가락 숫자만큼 양이 있다는 뜻이겠죠. 게다가 이때는 5라는 숫자 개념을 알 필요도 없어요.

> 혹시 수를 셀 때 왜 10, 20, 30처럼 10씩 묶는지 궁금했던 적이 있나요? 양손을 쫙 펴고 바라보면 그 이유를 알 수 있을 거예요.

…… 아프리카 이샹고(Ishango)에서 발견된 뼈

어떤 수를 기억하려고 할 때 몸을 이용하면 상당히 편리합니다. 마치 운율을 맞추면 문장을 기억하기 쉽듯이 말이에요. 그 수가 그리 크지 않다면 매우 유용하고, 잃어버릴 염려도 없으니 최고의 방법이지요.

수를 기록하는 방법은 수천 가지가 넘습니다. 아프리카의 이샹고(Ishango)에서 발견된 뼈를 볼까요. 무려 2만 5000년 전의 유물로 추정되는 이 뼈에는 가는 줄이 3개의 묶음으로 빼곡히 그어져 있습니다. 줄을 그은 방식이 매우 특이해서 어떤 인류학자들은 이 뼈가 변화하는 달의 모양을 따라

> 인류가 기록하려고 했던 최초의 대상은 별과 달의 변화였던 듯합니다. 수학은 애초부터 천문학과 함께 시작되기도 했고요. 별에 대한 인류의 관심은 그저 흥미 때문이 아니었어요. 매일 흐르는 시간뿐만 아니라 계절의 변화도 하늘에 떠 있는 별과 달의 움직임으로 알 수 있거든요. 게다가 언제쯤 비가 많이 오는 계절이 오는지도 알 수 있었어요. 인터넷은 말할 것도 없고 심지어 책이 발명되기 전까지는 하늘에 있는 천체의 변화가 인류의 삶에서 매우 중요한 부분이었습니다.

만든 6개월 단위의 음력 달력이라고 추측하기도 합니다.

 돼지 한 마리를 표시하는 방법으로 동물 뼈에 줄 하나를 긋는 법을 터득하고 나면, 물고기나 꽃병의 개수를 표시하는 데도 같은 방법을 쓸 수 있다는 걸 깨닫기란 그리 어렵지 않습니다. 줄 1개가 돼지 한 마리를 가리킨다는 뜻이니 대상이 무엇이든 상관이 없겠죠?

우리 손가락은 10개,
그래서 십진법!

머릿속으로 수를 떠올리는 건 동물 뼈에 그어 놓은 줄을 눈으로 보는 것과 전혀 다릅니다. 다른 사람과 수에 대해 이야기 나누려면 각각의 수에 이름을 붙여야 합니다. 문자가 있는 곳이라면 각각의 수를 표현하는 문자인 '숫자'도 만들어 놓아야겠지요.

한국어로 수를 읽는 방법을 생각해 보세요. 일정한 규칙이 있고, 불과 몇 가지 어휘로 엄청나게 많은 수를 표현하지요? 이것은 우리가 10이라는 수를 기초로 해서 모든 수를 표현하기 때문이에요.

이처럼 10을 기준으로 수를 세는 방법을 십진법(十進

法)이라고 합니다. 십진법은 '수를 10씩 묶어서 표현하는 방법'이에요. 그래서 우리가 수를 배울 때 1부터 10까지 읽는 법을 배우는 거랍니다. 10보다 큰 수는 모두 1부터 10까지의 수와 10을 여러 번 묶은 경우를 가리키는 이름을 적절하게 섞어서 만들어요. 23은 이(2)-십(10)-삼(3)처럼 말이에요. 물론 100처럼 10이 열 번 모인 수도 있지만, 145 역시 백(100)-사(4)-십(10)-오(5)인 것처럼 1~10까지 숫자 세기만 알아도 읽을 수 있지요.

십진법은 많은 나라에서 사용하는 방법입니다. 혹시 왜 그런지 궁금하다면, 양손을 쫙 펼쳐서 바라보세요.

사실 수를 세는 방법에 십진법만 있는 건 아니에요. 수를 12개씩 묶어서 세는 방법(십이진법)도 있지요. 이 방법으로 수를 세기 위해서는 십진법보다 수의 이름과 기호가 2개 더 필요합니다. 또 5처럼 10보다 작은 수를 기준으로 수를 묶어 세는 방법(오진법)도 있습니다. 이 경우에는 수의 이름과 문자가 5개씩만 있어도 모든 수를 표현할 수

있겠지요?

이제 수를 세는 방식을 그림을 보면서 살펴보기로 해요.

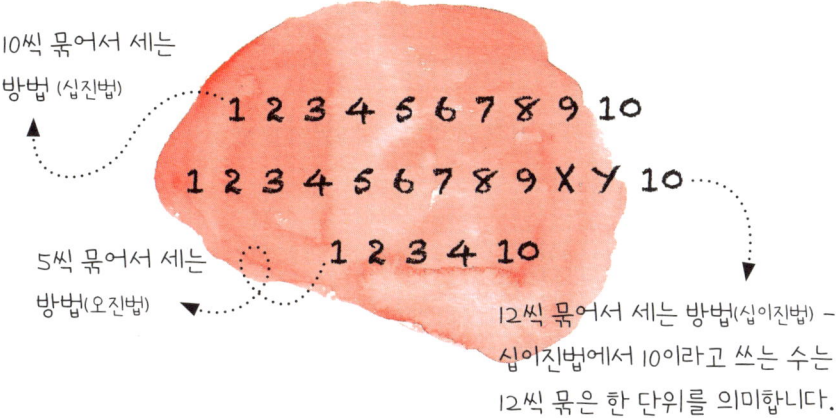

십진법, 십이진법, 오진법은 각각 큰 수를 어떻게 표현하는지 살펴볼까요?

10씩 묶어서 셀 때 '20'은 2·10, 그러니까 10이 두 번 있는 수를 가리킵니다. 그런데 12씩 묶어서 셀 때는 '20'은 12개씩의 묶음이 두 번 있는 것을 의미하죠. 5개씩 묶어서 셀 때는 '20'은 5개짜리 묶음이 2개 있다는 뜻입니다.

숫자 다음에 '0'을 쓰는 의미는 숫자를 표현하는 데 쓸 문자를 다 썼으니 이제 새로운 묶음을 시작한다는 뜻입니다.

수를 5씩 묶어서 센다면 10씩 묶어서 셀 때보다 묶음이 더 많이 필하지겠죠? 예를 들어 10씩 묶음으로 셀 때의 '60'이라는 수는 5씩 묶음으로 세면 '220'이라고 표현해야 돼요. 십진법에서는 숫자가 6과 0으로 2개가 쓰였는데 오진법으로 세니 숫자가 2, 2, 0으로 3개가 쓰였네요.

수학자들 중에서는 수를 10씩 묶어서 세는 것보다 12씩 묶어서 세는 것이 더 낫다고 생각하는 학자도 있습니다. 12 수는 2, 3, 4, 6의 4개의 수로 나누어지는 데 비해 10은 2와 5로만 나누어지거든요. 둘 사이에 어떤 차이가 있는지 왼쪽 조약돌 그림을 보면 알 수 있습니다.

십이진법은 우리에게 익숙한 십진법에 비하면 많이 헷갈리기는 해요. 그런데 놀랍게도 사람들은 자신도 모르는 새에 12씩 묶어서 수를 세는 경우가 굉장히 많아요. 유럽에서는 계란을 한 판에 12개씩 담아서 파는데, 가게에 가서 "반 판 주세요."라고 말하면 12개의 반을 달라는 뜻이 되지요. 12개씩 한 묶음으로 팔면 10개씩 한 묶음보다 이리저리 나누어서 사고팔기가 훨씬 쉽답니다.

왜 그럴까요?

12개들이 바나나 한 묶음이 1800원인데
만약 반 묶음만 사고 싶다면,

바나나 6개 = 900원

이것의 또 반만 사고 싶다면, 역시 어렵지 않죠.

바나나 3개 = 450원

같은 값에 바나나 10개를 한 묶음으로 파는 경우에는 어떨까요?

바나나 3개를 사려면 얼마일까요??

바나나 3개가 얼마인지를 계산하려면 우선 바나나 1개가 얼마인지 알아내고 여기에 3을 곱해야 합니다. 할 수 있을까요? 물론 할 수는 있어요. 그런데 쉬운가요? 바나나를 12개씩 묶음으로 팔 때는 의외로 이런 계산이 어렵지 않을뿐

더러 빨리 계산할 수 있어요. 그러니 파는 사람이나 사는 사람이나 바나나 1개가 얼마인지 계산하느라 머리 아플 필요가 없지요.

이렇게 12개씩 묶음으로 수를 세면 계산이 편해지는데, 어떤 수학자들은 아예 60개씩 묶음으로 수를 세는 방법을 쓰기도 합니다. 그러려면 수를 나타내는 60가지 문자가 필요하겠죠. 반면에 훨씬 적은 수의 묶음으로 수를 세는 방법도 많이 쓰입니다. 보통 수를 2개씩 묶음으로 세는 방법(이진법이라고 합니다.)을 쓰는데, 이때는 수를 나타내는 문자가 딱 2개만 있으면 됩니다. 0과 1만 쓰면 되니까 편하지요. 컴퓨터와 인터넷은 모두 이 방법을 쓴답니다.

시간을 표현할 때는 수를 12개씩 묶어서 세는 방법을 사용해요. 그만큼 일상에서도 자주 사용되는 방법이에요. 왜 하루는 24시간이고 1시간은 60분인지 궁금한 적이 있나요? 그건 오래전 수메르 사람들이 시간을 재던 방법을 지금까지 이어 쓰고 있기 때문이에요. 고대 이집트와 그리스에서 이 방법을 받아들였고, 그게 지금까지 전해진 거죠. 케이크를 자르는 방법에 정답이 없듯이, 하루를 몇 시간으로 나눌지도 마음대로 정할 수 있어요. 원한다면 하루를 10시간, 1시간을 100분으로 나눌 수도 있답니다.

컴퓨터에서 이렇게 2씩 묶음으로 수를 세는 이유는 수를 표현하는 문자가 단 2개만 있으면 되기 때문이에요. 그러면 전기를 이용해서 수를 표현하기 쉽거든요. 방의 전등은 켜지거나 꺼져 있는 두 가지 상태만 있듯이, 전기가 켜지거나 꺼진 두 상태만 사용해서 수를 표시하는 거예요. 만약 전기를 이용해서 더 많은 묶음의 수를 표시하려면 '밝게', '조금 더 밝게', '아주 밝게' 켜진 상태를 만들어야 하는데, 언뜻 생각해도 쉽지 않아 보이지요? 당연히 아무도 이런 식으로 수를 표현하는 방법을 만들지 못했고, 오늘날의 최신 기술로도 쉽지

이진법을 써서 수를 표현하면 자릿수가 많아져서 아주 길어지지만 컴퓨터는 이런 수를 다루는 일이 전혀 어렵지 않아요.

않아요.

   인류는 문자가 만들어지기 훨씬 전부터 수를 어떤 식으로 묶어 표현할지, 다시 말해 몇 진법을 사용할지 고민했습니다. 어느 문명이나 수를 표현하는 나름의 방법을 만들어 낸 걸 보면 다들 그 방법을 고민했다는 사실을 알 수 있지요.

고대 그리스 사람들의
못 말리는 도형 사랑

> 기하학을 가리키는 영어 단어 지오메트리(geometry)는
> 땅을 뜻하는 지오(geo)와 무엇인가를 측정한다는 의미의
> 메트리아(metria)라는 그리스어를 합친 거예요.

고대 그리스 사람들은 시간을 측정하는 기구를 사용했습니다. 수메르 문명에서 전해진 기구로 추측되지요. 이 시대의 그리스 사람들은 아주 호기심이 많았던 것 같아요. 어떻게든 손에 넣은 물건들을 있는 그대로 쓰는 데 만족하지 않고 한 발 더 나아가 여러 수학적 발견을 이루어 냈거든요. 특히 오늘날 기하학이라고 부르는 분야에 크게 기여했어요.

기하학은 삼각형이나 사각형, 원 같은 도형을 다루는 학문이에요.

고대 그리스뿐 아니라 이집트 같은 다른 문화권에서도 이런 가상의 도형을 이용했습니다. 왜 가상의 도형이냐고요? 사실 종이에 그린 삼각형, 사각형, 원은 현실에 있는 게 아니에요. 정확히 말하면 머릿속에만 있는 생각(개념)을 그림으로 표현한 것이지요.

고대 그리스 사람들은 도형과 관련된 생각을 잘 정리해서 하나의 분야로 만들어 냈어요. 이렇게 정리된 생각을 '개념'이라고 해요.

고대 그리스 사람들은 현실에서 삼각형 모양의 물건을 만들고 쓰는 일에 머무르지 않고, 이런 모양들이 어떤 원리에 의해 만들어지고 변하는지를 궁리해서 항상 적용할 수 있는 법칙들을 많이 찾아냈어요. 예를 들어서 어떤 모양의 사각형이든 가운데에 줄을 그으면 2개의 삼각형으로 나뉘잖아요? 당연한 거 아니냐고 생각할 수도 있지만 이것도 엄연히 하나의 법칙이랍니다. 그런데 놀랍게도 이런 법칙들을 여러 개 찾아내고 함께 적용하다 보면 엄청난 일도 할 수 있게 되어요!

고대 그리스 사람들이 얼마나 똑똑했는지, 기하학이 얼마나 놀라운 분야인지 알려면 몇 가지 용어를 알아야 합니다. 이 용어들은 앞으로도 자주 나오니까 잘 기억해 두세요.

◆ 선

기하학에서 '선'이란 곧게 뻗어 있으면서 끝이 없는 것을 가리킵니다. 팽팽하게 잡아당긴 가는 실과 비슷하지만 선은 굵기도 없고 너비도 없어요. 그러니 실제로는 존재하지 않는 상상의 개념이지요. 양쪽이 잘려서 끝이 있는 선은 '선분'이라고 해요. 다시 말해 선분(線分)은 선(線)을 자른(分) 것이라는 의미입니다.

◆ 다각형

3개 이상의 선분이 만나서 그려진 도형을 '다각형'이라고 합니다. 선분과 선분이 만나면 '각'이 만들어지는데, 다각형은 각이 여러 개인 도형이라는 의미죠. 삼각형은 각이 3개이고, 사각형은 각이 4개인 다각형입니다.

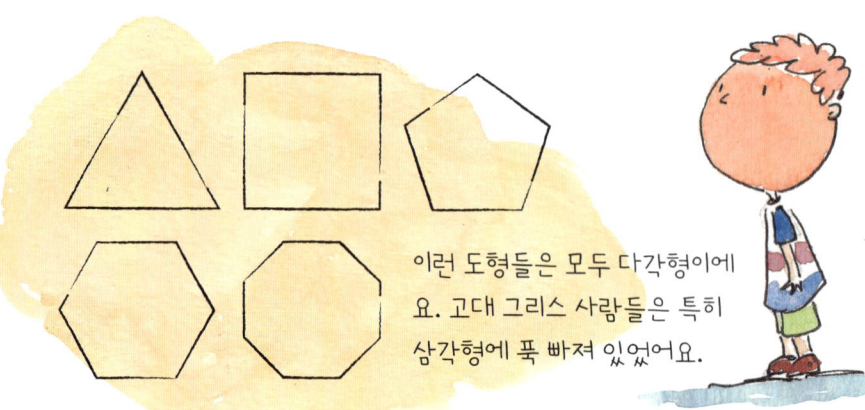

이런 도형들은 모두 다각형이에요. 고대 그리스 사람들은 특히 삼각형에 푹 빠져 있었어요.

♦ 각

한 점에서 갈리어 나간 두 선이 벌어진 정도를 '각'이라고 합니다. '각'은 동물의 뿔이라는 뜻으로, 두 선이 만나 뾰족한 모양을 이루어서 각이라고 불러요. 또 두 선이 만나는 점은 꼭지에 있는 점이라고 해서 '꼭짓점'이라고 합니다. 각의 크기를 재는 단위는 '도'입니다.

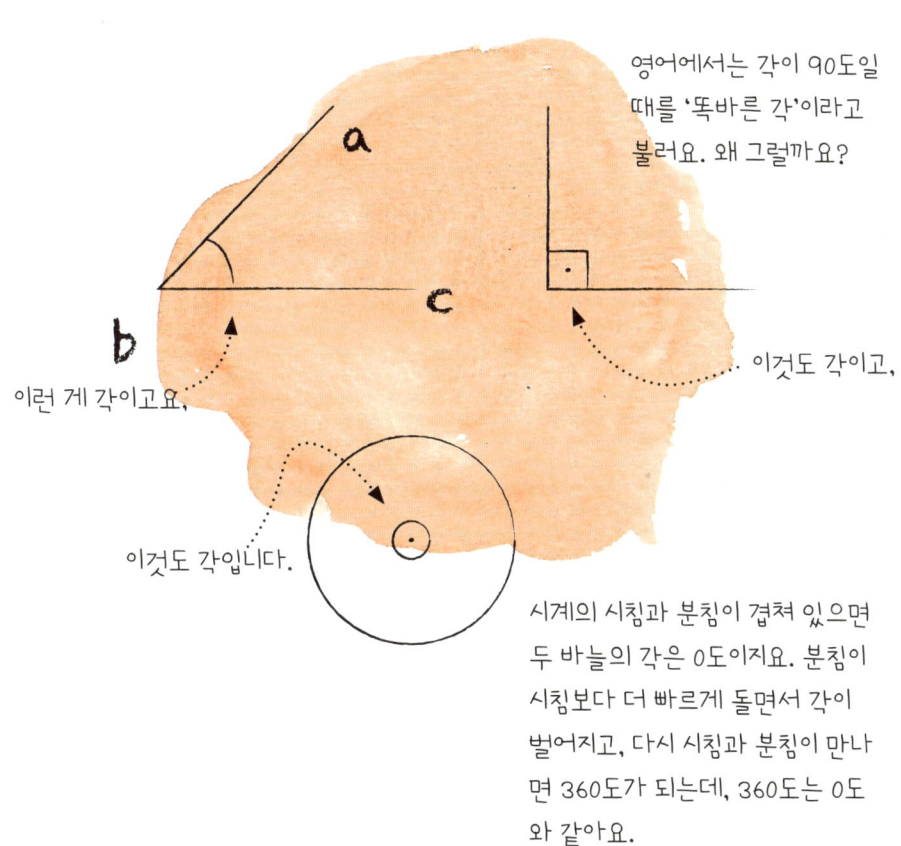

영어에서는 각이 90도일 때를 '똑바른 각'이라고 불러요. 왜 그럴까요?

이런 게 각이고요,

이것도 각이고,

이것도 각입니다.

시계의 시침과 분침이 겹쳐 있으면 두 바늘의 각은 0도이지요. 분침이 시침보다 더 빠르게 돌면서 각이 벌어지고, 다시 시침과 분침이 만나면 360도가 되는데, 360도는 0도와 같아요.

그리스의 기하학에서(네, 그리스 기하학 말고 다른 기하학도 있어요!) 옛날 사람들이 연구했던 도형들은 줄과 막대기가 있으면 땅에 어렵지 않게 그릴 수 있는 단순한 모양이었어요. 옛날에는 땅에 원을 어떻게 그렸을까요? 우선 막대기 2개를 끈으로 각각 묶어요. 그러고 나서 한 사람은 막대기를 땅에 박아 붙들고 있고, 다른 한 명은 끈이 팽팽해지도록 막대기를 당겨요. 막대기로 땅에 줄을 그으면서 막대기를 붙들고 있는 사람 주위를 한 바퀴 돌아요. 그러면 막대기가 땅에 박힌 곳이 원의 중심이 되고, 그 주위를 따라 그린 선이 원이 되지요. 우리가 쓰는 컴퍼스가 이와 같은 원리를 적용한 도구랍니다.

고대 그리스에는 많은 수학자가 있었어요. 그중 도형을 연구하는 기하학에서 빼놓을 수 없는 수학자들이 있습니다. 이제부터 한 명씩 살펴볼까요?

막대기만으로
피라미드의 높이를 잰 탈레스

우선 탈레스(Thales)부터 이야기해야겠네요. 2500년쯤 전에 활동한 탈레스는 그리스와 이집트 곳곳을 다녔습니다. 그는 수학에서 '정리(定理, theorem)'라는 개념을 처음 만들어 낸 사람이에요. 정리란 '어떤 주장이 논리적 증명을 통해 참이라고 밝혀진 것'을 말합니다. 탈레스가 만들어 놓은 정리들은 지금 우리에게는 굉장히 단순해 보이지만 당시에는 완전히 새로운 개념이었어요.

탈레스가 만든 정리 중에서 가장 유명한 것을 살펴볼까요?

"원을 반으로 자른 뒤, 지름선 부분을 한 변으로 놓고 반원의 안쪽에 들어맞게 삼각형을 그리면 지름선 맞은편의 각은 항상 직각(90도)이 된다."

무슨 이야기인지 헷갈리나요? 그림으로 보면 금방 이해할 수 있을 거예

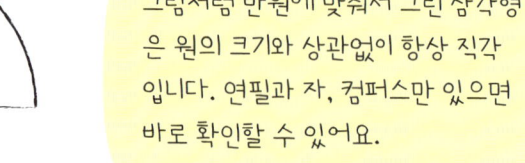

그림처럼 반원에 맞춰서 그린 삼각형은 원의 크기와 상관없이 항상 직각입니다. 연필과 자, 컴퍼스만 있으면 바로 확인할 수 있어요.

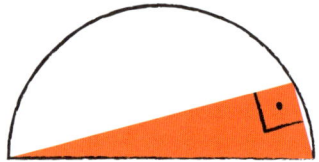

요. 다음 그림의 삼각형은 모두 각이 직각이죠?

이처럼 탈레스가 역사에 이름을 남긴 이유는 어떤 문제와 맞닥뜨렸을 때 논리적으로 생각하고 면밀히 관찰해서 문제를 푸는 능력이 있었고, 그리고 이를 통해 '정리'라고 부르는 수학적 규칙들을 만들어 냈기 때문입니다.

탈레스의 일화 중에서 가장 유명한 이야기는 이집트 기자에 있는 피라미드의 높이를 오로지 막대기 하나와 수학적 원리를 이용해서 측정한 일입니다.

어떻게 이런 대단한 일을 해냈을까요? 방법은 간단해요. 우선 막대기를 땅에 꽂고 그림자의 길이를 잽니다. 막대기의 길이는 아니까 그림자의 길이를 재면 그때의 막대기와 그림자 길이의 비율을 알 수 있겠죠. 예를 들어 막대기의 길이가 1인데 그림자의 길이가 2라면 '아, 오늘 이 시각에는 그림자 길이가 막대기 길이의 2배가 되는구나.'라고 알 수 있습니다.

그러면 피라미드의 그림자 길이만 재면 피라미드의 높이를 알 수 있을까

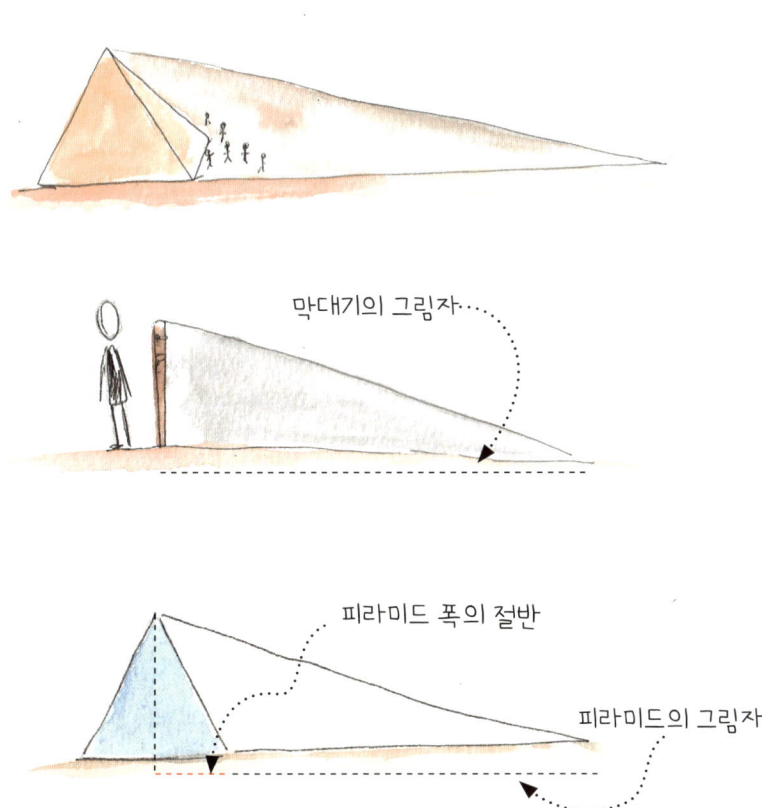

요? 네, 얼추 그렇긴 해요. 하지만 정확한 답은 아니지요. 탈레스는 매우 똑똑한 사람이었어요. 막대기는 가늘지만 피라미드는 둘레가 아주 크잖아요? 그림자의 길이만 재서는 정확히 계산하기가 어렵다는 걸 알아챈 탈레스는 그림자의 길이를 잰 뒤 여기에 피라미드 폭의 반을 더했어요. 그리고 난 뒤에 조금 전 막대기로 알아낸 그림자와의 비율을 이용해서 피라미드의 높이를 '계산'했습니다. 와우! 탈레스는 피라미드의 높이를 직접 재지 않고 계산만으로 알아낸 겁니다!

직각삼각형의 비밀을 밝힌 피타고라스

고대 그리스의 아주 중요한 또 한 명의 인물은 피타고라스(Pythagoras)입니다. 탈레스와 같은 시기에 살았어요. 피타고라스는 철학자이자 수학자로, 철학과 수학을 통해서 세상을 바라보았습니다. 피타고라스가 쓴 글은 남아 있는 것이 없지만 그의 생각과 아이디어는 무사히 지금까지 잘 전달되었어요.

피타고라스는 오늘날 패턴이라고 부르는, 규칙성을 가진 것에 관심이 많았습니다. 음악, 수학 등 여러 분야에서 패턴을 찾아낼 수 있다는 것을 알아냈지요. 기록에 따르면 '제곱수'라는 개념을 처음 만들어 낸 사람이기도 합니다.

제곱수란 이름 그대로 '자신을 두 번 곱한 수'예요. 예를 들어 2의 제곱수는

2에 2를 곱한 것으로, 4입니다(2×2=4).

제곱수는 영어로 '사각형 수(square number)'라고 해요. 왜 그럴까요? 이 책 앞부분에서 오랜 옛날에는 아마도 조약돌을 사용하거나 땅바닥에 줄을 그어서 계산했을 거라고 한 이야기가 기억나나요? 그걸 잘 보면 왜 제곱수를 '사각형 수'라고 하는지 쉽게 이해할 거예요. 사각형의 면적이 각 변을 곱한 거니까, 정사각형(square)이면 같은 수를 두 번 곱한 게 되겠죠?

2의 제곱수(2×2이므로 4)와 3의 제곱수(3×3이므로 9)를 보여 주는 그림을 보면 더 이해하기 쉬울 거예요.

피타고라스에 대한 흥미로운 이야기들이 많이 전해집니다. 그중 가장 유명한 건 '피타고라스의 정리'입니다.

"직각삼각형의 빗변의 제곱수는 나머지 두 변의
각각의 제곱수를 더한 것과 같다."

여기서 '변'이란 다각형의 직선 부분들을 가리키는 용어예요.

뭔가 복잡하고 이해하기 어렵게 들리나요? 사실은 아주 단순한 이야기예요. 빗변이란 삼각형에서 직각을 이루는 두 선분을 잇는 기다란 선분을 멋있게 부르는 이름일 뿐이에요. 다음 그림을 보면 바로 이해할 수 있을 겁니다.

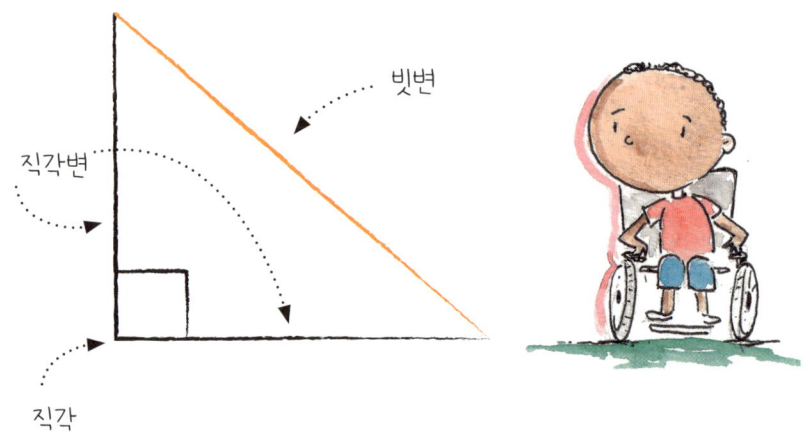

오렌지색 변이 빗변이에요.

이쯤에서 이런 의문이 들 수 있어요. 그래서 '피타고라스의 정리가 도대체 어쨌다는 거지?' 하고 말이에요. 사실 피타고라스의 정리에는 두 가지 놀라운 점이 있어요.

이집트 사람들이 컴퓨터 없이 피라미드를 만든 비결

직각삼각형에서 빗변의 제곱수가 나머지 두 변의 각각의 제곱수를 더한 것과 같다는 말은, 어떤 삼각형이든 두 변의 제곱수를 더한 값이 가장 긴 변의 제곱수와 같다면 그 삼각형은 직각삼각형이라는 뜻입니다. 당연한 말처럼 들리겠지만, 그렇지 않아요. 여기서 중요한 건 '직각'입니다! 직각은 건축에서 매우 중요한 요소거든요.

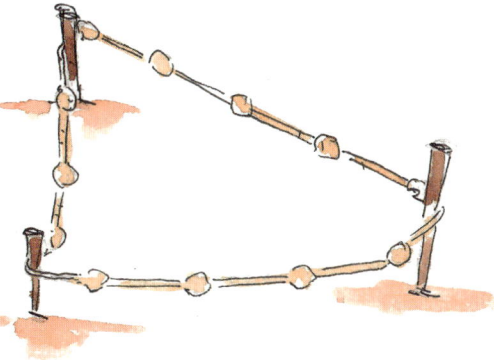

이집트의 건축이 좋은 예입니다. 피타고라스가 살던 시대보다 훨씬 전부터 이집트에서는 일정한 간격으로 12개의 매듭을 묶은 끈을 만들어서 썼어요. 이집트 사람들은 세 번째 매듭, 다음 네 번째 매듭, 그다음 다섯 번째 매듭에 각각 표시를 해두었습니다. 그리고 이 끈을 이용해서 건물을 지을 때 벽이 정확하게 수직인지를 확인했어요. 3개의 기둥에 표시해 둔 매듭이 오도록 끈을 걸고, 끈이 팽팽해지도록 기둥을 당긴 후 땅에 박으면, 매듭 3개 부분이 직각을 이루거든요. 하지만 이집트 사람들도 그렇게 되는 원리는 잘 몰랐어요.

컴퓨터도 없고 정밀한 측정 도구도 없던 시대에는 직각을 정확하게 만들어 내기가 정말 어려웠습니다. 하지만 이 방법을 이용해서 고대 이집트 사람들은 지금까지 남아 있는 피라미드 같은 엄청난 건축물들을 지었지요. 세 변의 길이의 비율이 3, 4, 5인 삼각형은 직각을 만들어 내는 도구나 마찬가지였고, 이것은 오늘날에도 여전히 활용되고 있습니다.

모든 직각삼각형에 적용되는 법칙, 피타고라스의 정리

피타고라스의 정리에는 놀라운 점이 또 있습니다. 바로 이 법칙이 모든

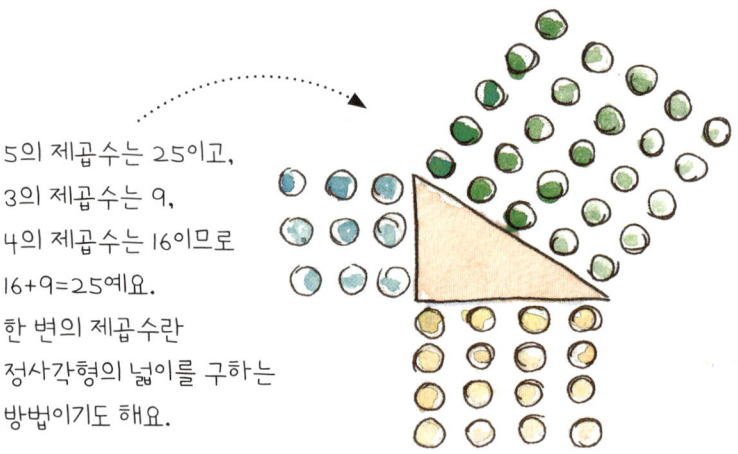

5의 제곱수는 25이고,
3의 제곱수는 9,
4의 제곱수는 16이므로
16+9=25예요.
한 변의 제곱수란
정사각형의 넓이를 구하는
방법이기도 해요.

직각삼각형에 들어맞는다는 거예요. 변의 길이에 상관없이 말이지요.

이때 직각삼각형 둘레에 그린 사각형의 모양을 다른 것으로 바꿔도 이 정리를 벗어나지 않아요. 각 변에 맞추어서 멋진 성을 다른 크기로 그려 놓아도 마찬가지예요. 제일 큰 그림이

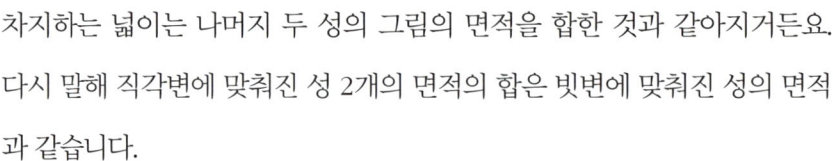

차지하는 넓이는 나머지 두 성의 그림의 면적을 합한 것과 같아지거든요. 다시 말해 직각변에 맞춰진 성 2개의 면적의 합은 빗변에 맞춰진 성의 면적과 같습니다.

사각형뿐 아니라 어떤 모양의 도형이든 그 도형이 차지한 부분의 크기를 '넓이' 또는 '면적'이라고 부릅니다.

이 정리는 실생활에서 굉장히 유용하고 수학적으로도 중요했기 때문에 오랜 세월에 걸쳐서 많은 수학자가 다양한 방법으로 이 정리가 옳다는 점을

증명했어요. (수학에서 증명이란 어떤 '정리'가 확실하게 옳다는 걸 논리적, 수학적으로 표현하는 겁니다.)

이 정리는 '피타고라스의 정리'라고 불리지만, 사실 이것을 처음으로 증명한 사람은 피타고라스가 아니라고 합니다.

피타고라스가 이 정리를 증명한 방법은 조금 복잡한데, 그보다 더 오래전에 중국에서는 그림을 이용해서 훨씬 알기 쉽게 이 정리를 증명했습니다.

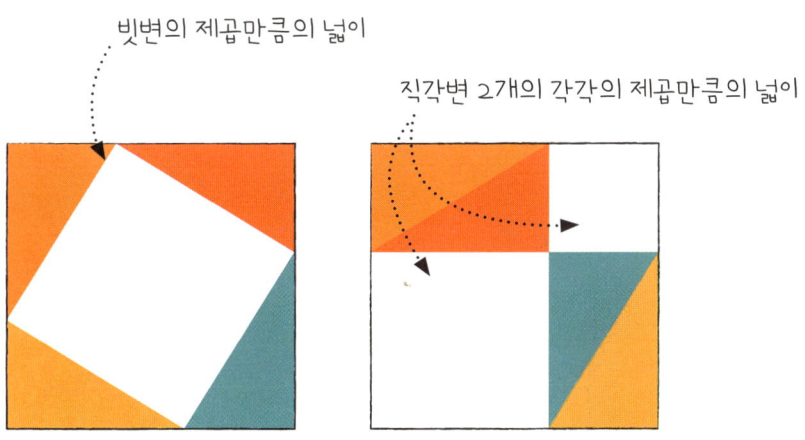

위의 그림에서 바깥쪽 두 사각형은 넓이가 똑같습니다. 이 사각형의 네 변 모두 같은 위치에 점을 찍고 선을 그으면 안쪽에 흰색 사각형이 만들어집니다. 그러면 바깥과 안쪽 사각형 사이에 만들어진 직각삼각형은 모두 같은 크기, 같은 모양이 되겠죠? 왼쪽 사각형에서 흰 사각형 부분의 넓이는 바깥 사각형의 넓이에서 색깔이 칠해진 삼각형들의 넓이를 뺀 거겠네요. 이제 이 직각삼각형들을 이리저리 옮겨서 오른쪽 그림과 같이 자리를 잡아 보죠. 자, 이렇게 하고 나니 작은 사각형 2개가 생겼습니다. 색깔 있는 삼각형을 위치만 옮겼으니까 왼쪽 그림의 흰 사각형의 넓이는 오른쪽 그림의 흰 사각형 2개의 면적을 합한 것과 똑같아야겠죠? 게다가 처음에 왼쪽 그림을 그릴 때 정해진 위치에 점을 찍지도 않았다는 거 기억하나요? 우와, 피타고라스의 정리는 직각삼각형의 크기나 모양과 관계없이 언제나 항상 옳다는 게 증명되었습니다!

중국에서는 이미 3천 년 전부터 피타고라스의 정리를 '구고현(勾股弦)의 정리'라고 불렀습니다.
이렇듯 수학 분야에서는 서로 전혀 교류가 없는 문화권인데도 같은 걸 알고 있던 경우가 많아요.

아이디어 하나로, 지구의 둘레를 계산한 에라토스테네스

피타고라스의 이름은 대단히 유명하지만 신기하게도 그가 남긴 글은 아무것도 전해지지 않아요. 다른 사람들이 남긴 기록에 피타고라스의 이름이 들어 있어서 우리가 알게 되었지요. 기원전 300년경 고대 이집트 알렉산드리아에서 유클리드(Euclid)가 쓴 〈원론〉이라는 책이 가장 대표적인 기록이에요.

〈원론〉은 13권에 달하는 책으로, 지금으로부터 2300년 전에 유클리드 혼자서 다 썼다고 보기에는 그 내용이 아주 방대합니다. 그래서 유클리드는 책임자일 뿐 여러 사람이 썼다고 보는 사람도 많습니다.

사실 이 책을 유클리드가 혼자 썼는지 아닌지는 중요하지 않아요. 이 책이 기하학뿐만 아니라 고대 그리스 사람들이 알고 있던 모든 수학적 사실을 정리했고, 여기에 들어 있유클리드가 쓴 〈원론〉은 엄청나게 방대한 책이어서 솔직히 다 읽기도 힘들고 내용도 지루합니다. 그렇지만 워낙 중요하고 근본적인 내용이 실려 있어서 2000년이 지난 지금도 기하학을 공부할 때 이 책의 내용을 배웁니다.

는 465개의 명제에 자세한 설명이 달려 있다는 사실은 달라지지 않으니까요. '명제'란 어떤 주장이 담긴 문장으로서, 그 내용이 맞거나 틀리거나 둘 중의 하나인 것을 가리켜요. 그러니 피타고라스의 정리도 '명제'입니다.

〈원론〉의 앞부분에서는 기본 가정을 몇 가지 나열해요. 그리고 마치 건물 지을 때 쓰는 벽돌같이 활용합니다. 가정을 이리저리 조합하고 이용해서 계속 논리를 발전시키는 거죠. 기본 요소들만 보면 처음엔 단순하고 쉽지만 점점 내용이 복잡해져요. 따라서 앞부분을 이해하고 넘어가야 다음 내용을 이해할 수 있어요.

고대 그리스 사람들이 만들어 낸 기하학을 이해한다는 건 마치 지도를 손에 들고 있는 것과 다름없어요. 일단 지도 보는 법을 알고 나면 어디든 찾아

갈 수 있고, 가는 길도 내 마음대로 고를 수 있잖아요?

이 책은 서문에서 '공준'이라고 부르는, 기하학의 다섯 가지 절대적 사실을 알려 줍니다. (수학에서 '공준'이란 옳고 틀리고를 증명할 방법은 없지만 무조건 옳다고 인정하는 근본적 요소를 말합니다.) 첫째는 "두 점은 항상 직선으로 이을 수 있다."이고, 둘째는 "직각은 모두 같다."입니다. 언뜻 당연하게 들리겠지만 곰곰이 생각해 보면 상당히 심오한 개념임을 깨닫게 될 거예요. 이 공준들이 성립하는 가상의 공간을 '유클리드 평면'이라고 합니다. 여기에서 말하는 평면은 일상에서 볼 수 없어요. 현실의 어떤 물건도 완벽한 평면일 수가 없거든요. 그러니까 유클리드 기하학이 이야기하는 평면은 일종의 가상 현실 같은 겁니다.

현실에 있지도 않은 평면, 그리고 거기에 그려지는 도형과 직선이 이루는 각도에 무슨 의미가 있을까 싶겠지만, 전혀 그렇지 않아요. 당시의 또 다른 그리스 수학자가 유클리드의 〈원론〉에 나오는 명제 2개를 이용해서 지구 둘레의 길이를 계산하는 방법을 찾아냈거든요. 이 사람의 이름은 에라토스테네스(Eratosthenes)입니다.

그가 우선 이용한 것은 〈원론〉 3권에 나오는 19번째 명제였어요. 내용은 이렇습니다.

"직선이 원과 한 점에서 만날 때, 이 점을 지나면서 원래의 직선과 직각이 되는 직선을 새로 그리면 이 선은 원의 중심을 지난다."

명제가 으레 그렇듯 꽤 복잡하게 들리지만 그림으로 그려 보면 이해하기 쉬워요.

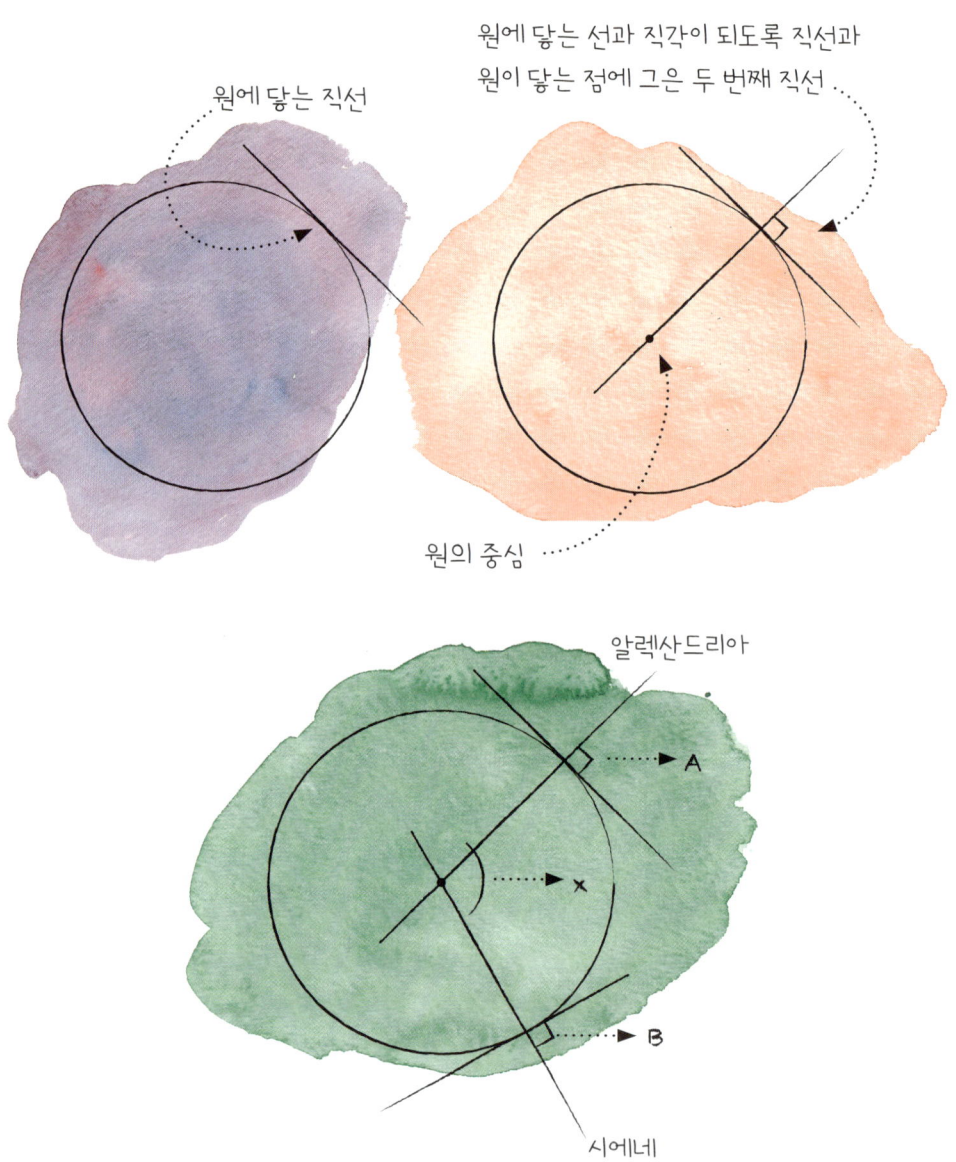

에라토스테네스는 자신이 사는 알렉산드리아 땅에 막대기를 수직으로 꽂았습니다. 이 막대기는 그림에서 두 번째 직선에 해당합니다. 이 막대기를 땅속으로 계속 연장한다면 막대기의 연장선이 지구의 중심에 도달하게 됩니다. 에라토스테네스는 다른 도시인 시에네에 가서 똑같이 막대기를 하나 더 꽂았습니다. 이제 지구 중심에 닿는 직선이 2개가 되었네요. 에라토스테네스의 머릿속에는 왼쪽 그림처럼 원과 그 중심을 통과하는 2개의 직선이 그려진 그림이 자리 잡았습니다.

그는 알렉산드리아에서 시에네까지의 거리를 이미 알고 있었습니다. 그럼 두 직선 사이의 각도 X를 알면 원둘레, 곧 지구의 둘레가 얼마나 되는지 계산할 수 있겠지요. 예를 들어 만약 알렉산드리아와 시에네 사이의 거리가 300km이고 X가 3도라면 각도 1도가 차이 나는 두 장소 사이의 지구 둘레는 100km가 되잖아요. 원의 각도는 360도니까, 여기에 360을 곱하면 전체 지구 둘레의 값을 구할 수 있는 거죠. 이 예에서는 100km×360=36000km라는 값이 나옵니다.

문제는 각도 X를 알아낼 방법을 찾는 것이었습니다. 그래서 에라토스테네스는 한 가지 가정을 추가했어요.

"나란한 직선(평행선)들을 한 직선이 가로지를 때 만들어내는 엇각의 크기는 모두 같다."

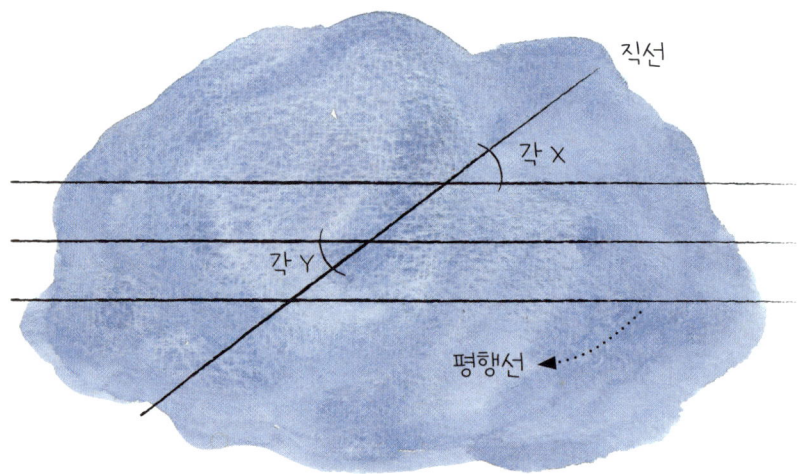

글로 쓰니 어려워 보이지만 그림으로 보면 매우 단순해요. 다음 그림에서 보이는 X와 Y가 항상 같다는 이야기거든요.

그런데 저렇게 나란히 줄지어 있는 직선이 대체 세상 어디에 있을까요? 눈에 보이는 것 중에는 없지만, 사실 어디에나 있는 것! 바로 태양에서 지구로 오는 빛, 햇빛입니다.

에라토스테네스는 시에네에서 땅에 꽂은 막대기에 그림자가 전혀 생기지 않을 때가 있는데, 그건 햇빛의 방향이 막대기와 나란하기 때문임을 알았습니다. 그리고 그렇게 되는 날이 어떤 날의 몇 시인지도 정확히 알았고요. 그래서 시에나에서 막대기의 그림자가 생기지 않는 날의 그 시각에 알렉산드리아에서 막대기 그림자의 길이를 쟀습니다. 에라토스테네스가 햇빛은 나란한 직선처럼 지구에 내리쬔다는 가정을 했다는 걸 눈치챘나요? 막대기의 길이를 알고 그림자의 길이도 쟀으니 아래 그림에서 각도 Y를 계산할 수 있게 되었습니다. Y는 X와 같다고 정의한 거 기억하죠?

이 방법으로 에라토스테네스가 계산한 Y의 값은 7도였다고 합니다. 알렉산드리아와 시에네의 거리가 5000 스타디아(당시에 사용하던 거리 단위)였으니까 각도 1도는 대략 715스타디아(5000÷7)가 됩니다. 여기에 360도를 곱해 지구의 둘레를 계산하면 25만 7400스타디아가 됩니다.

문제는 당시에 쓰던 스타디아 단위가 정확히 어느 정도인지 지금은 모른다는 거예요.

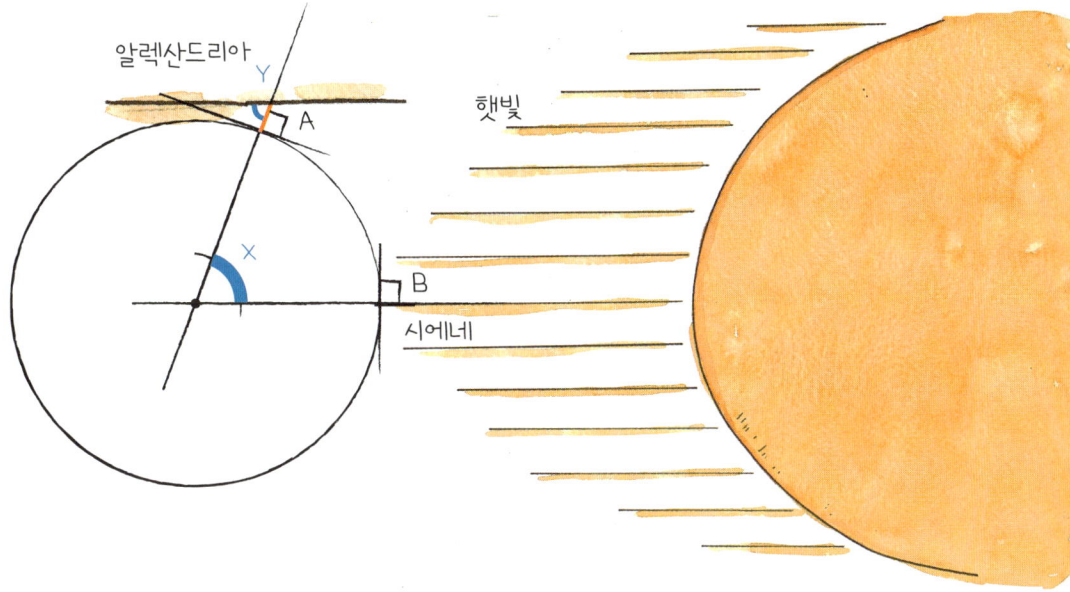

학자마다 다양하게 추측하는데, 보통 에라토스테네스가 계산한 지구 둘레의 길이를 3만 9690km에서 4만 6620km 사이로 봅니다.

오늘날에는 지구가 완전히 동그랗지도 않고 재는 위치에 따라 둘레도 조금씩 달라지지만 대략 4만 km라고 알려져 있습니다. 단지 막대기 2개 그리

고 몇 가지 기하학 법칙과 번뜩이는 아이디어만으로 에라토스테네스가 계산한 지구 둘레의 길이와 큰 차이가 나지 않는 수치입니다. 정말 놀라운 일이지요.

이 밖에 고대 그리스 사람들이 기하학 지식을 활용해서 알아낸 발견은 아주 많습니다. 그렇지만 그 시대에 수학을 탐구하는 사람들이 그리스에만 있

었던 건 아니에요. 그리스라는 곳이 있는지조차 몰랐던 중국에서도 다양한 수학적 발견이 이루어졌고, 남아메리카에 살던 사람들은 태양과 달, 별의 움직임을 정확하게 파악했습니다. 천체의 움직임을 알려면 수학이 꼭 필요하거든요. 하지만 지금 우리가 알고 있는 수라는 개념에 가장 큰 영향을 준 건 인도입니다. 아무것도 없는 것이 나머지 모든 것보다 더 중요하고 의미 있을 수 있음을 알려 줬으니까요. 이게 무슨 소리일까요?

똑똑한 수학자들도
수 읽고 쓰기는 어려워!

오래전부터 수학에서 큰 어려움 중 하나는 '수'를 어떻게 글로 표현하느냐는 것이었습니다. 오늘날에는 세계 어디서나 당연하게 '이십-칠'을 27이라고 쓰고, '백-삼'을 103이라고 씁니다. 그런데 이런 식으로 수를 표현하는 방법이 쓰이기 시작한 지는 생각보다 그리 오래되지 않았어요. 이렇게 공통된 방법이 쓰이기 전까지는 문화권마다 수를 표현하는 나름의 방법을 갖고 있었습니다.

수를 글자로 표현하는 방법 중 지금까지 남아 있는 가장 오래된 것은 고대 이집트에서 쓰이던 방식입니다. 이 내용이 담긴 파피루스는 린드

(Rhind)라는 사람이 발견해서 린드 파피루스라고 불립니다. 3500년도 더 된 유물이지요. 더 놀라운 점은, 이 파피루스의 내용이 당시에 오래전부터 전해지던 것을 옮겨 적은 거라는 사실이에요.

린드 파피루스는 그 당시 수학 교재로 쓰였다고 여겨집니다. 연습문제 87개와 몇 개의 표가 실려 있거든요. 오늘날 고대 이집트의 수학과 관련한 지식은 대부분 린드 파피루스에서 얻었습니다.

고대 이집트 사람들도 십진법을 사용했지만, 수를 표현하는 기호와 방법은 지금과 크게 달랐습니다.

이집트에서는 1부터 9까지는 오늘날과 마찬가지로 하나씩의 글자를 만들었고, 10부터 90까지는 또 다른 9개의 글자를, 100부터 900까지는 또 다른 글자를 만들었습니다. 언뜻 복잡해 보이지만 글로 나타내는 것보다 훨씬 간단한 방법이었습니다. 게다가 글로 표기된 수보다 수의 값을 훨씬 빨리 알 수 있었지요.

1	∣	10	∩	100	ϱ	1000	𓆼	
2	∣∣	20	∩∩	200	ϱϱ	2000	𓆼𓆼	
3	∣∣∣	30	∩∩∩	300	ϱϱϱ	3000	𓆼𓆼𓆼	
4	∣∣∣∣	40	∩∩∩∩	400	ϱϱϱϱ	4000	𓆼𓆼𓆼𓆼	
5	∣∣∣∣∣	50	∩∩∩∩∩	500	ϱϱϱϱϱ	5000	𓆼𓆼𓆼𓆼𓆼	

▶ 예를 들어 2139는 이런 식으로 씁니다.
(오른쪽부터 읽어 보세요.)

고대 이집트에는 이것 말고 수를 표현하는 또 다른 방법이 있었습니다. 이 방법을 쓰면 큰 수일수록 더 작은 공간에 표현할 수 있다는 장점이 있었지만 표기 방법이 훨씬 더 복잡했어요.

이런 식으로 수를 표현하면 각각의 기호(글자도 기호입니다.)가 다른 단위의 수를 표현하므로 이해하기가 쉬워집니다. 그렇지만 한편으로는 한눈에 알아볼 수 있도록 수를 표기하는 적당한 방법이 필요했지요. 예를 들어 9를 이집트식으로 쓰려면 줄을 9개나 그어야 하는데, 이건 누가 봐도

한눈에 알아보기가 힘들거든요.

수를 글로 표현하는 방법을 만들었으니 계산하는 방법도 만들어야겠죠. 고대 이집트 사람들은 원리가 아주 간단하지만 계산하는 데 오래 걸리는 다이아딕(dyadic)이라는 방법을 생각해 냈습니다. 이건 설명을 듣기보다 직접 해 보면 훨씬 이해하기 쉽습니다. 17×13을 한번 계산해 봅시다. 우선 작은 표를 하나 만들겠습니다.

몇 번? 13	곱할 수? 17
1	(17×1) 17
2	(17×2) 34
4	(17×4) 68
8	(17×8) 136

왼쪽 칸의 수는 1부터 시작해서 계속 2배가 되어 8이 됩니다. 오른쪽 칸에는 17을 왼쪽 칸에 있는 수만큼 곱하면 나오는 값이 적혀 있네요.

그런데 고대 이집트에서는 우리가 하는 방식으로 계산하지 않았어요. 모든 곱하기를 세세한 단계로 나누었고, 곱하기라는 개념을 더하기만으로 해결했습니다.

표의 왼쪽 칸에서는

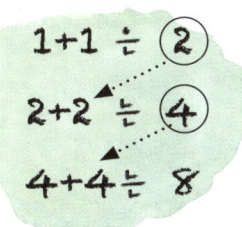

표의 오른쪽 칸에서도 17을 같은 방식으로 더하기를 합니다.

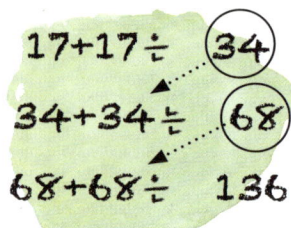

이런 식으로 하면 17×2, 17×4, 17×8이 얼마인지 쉽게 알 수 있죠. 그런 다음에 더하기를 한 번만 하면 답을 구할 수 있습니다.

표의 왼쪽 칸에서 **13**이 되려면 어떤 수들을 더해야 하죠?

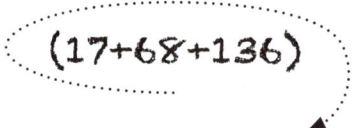

이제 표 1, 4, 8의 오른쪽에 있는 값들을 더합니다.

답을 얻었네요. **221**.

아마 여러분은 이 정도 더하기는 머릿속으로 계산하는 게 더 쉬울 거예요. 하지만 수가 커질수록 계산하는 데 시간이 훨씬 많이 걸리겠지요. 1546×6078을 이 방식으로 구한다고 생각해 보세요!

고대 이집트 사람들은 수를 실용적 관점에서 바라보았기 때문에 계산이 아주 정확하지 않아도 크게 신경 쓰지 않았습니다. 하지만 큰 수를 다룰 일

고대 그리스는 여러 방면에서 뛰어난 업적을 남겼지만 수를 글자로 표현하는 방법 면에서는 전혀 그렇지 못했습니다. 아마 이집트식 표기법의 영향을 받았기 때문이 아닐까 여겨집니다.

이 많아지면서 점차 다른 방법이 필요하다고 생각하게 되었지요. 큰 수를 다루는 적절한 방법을 찾는 일은 당시 수학 분야에서 가장 앞서 있던 그리스에서도 풀기 힘든 문제였습니다.

고대 그리스 사람들도 이집트와 마찬가지로 각각의 수에 다른 기호를 사용했어요. 하지만 큰 차이점이 있었는데, 그리스에서는 이미 쓰고 있던 '글자'를 사용했다는 것입니다. 그리스 알파벳 알파(α)는 1, 베타(β)는 2 하는 식으로 9까지 하나씩 문자를 지정했습니다. 열 번째 알파벳부터 아홉 개는 10부터 90까지의 10단위 수를 의미했고, 또 그다음 아홉 개는 100부터 900을 가리켰어요. 여기까지만 해도 27개의 기호를 외워야 하지만 어차피 알파벳을 배워야 하니

까 아예 수를 가리키는 그림이나 글자를 별도로 외우는 것보다는 쉬웠을 것입니다.

그리스에서 수를 표기하는 방법은 이집트와 상당히 비슷했습니다. 예를 들어 241을 그리스식으로 쓰면 ΣMA(200+40+1)입니다. 한눈에 보기에도 이집트의 방법보다 훨씬 간단하죠. 그렇지만 기호만 달랐지 이집트식 표현 방법과 마찬가지여서 큰 수는 표현하기에도, 계산하기에도 힘들었습니다.

그럼 로마는 어땠을까요? 고대 그리스로부터 많은 부분을 물려받은 로마 사람들은 수를 10단위로 세는 데 그치지 않고 5단위로 세는 방법을 덧붙였습니다. 게다가 수를 7개의 글자만으로 표현하는 방법을 만들어 내어 이미 복잡한 방법을 더 복잡하게 만들었습니다.

I는 1	L는 50
V는 5	C는 100
X는 10	D는 500
	M는 1000

이렇게 일곱 글자만으로 모든 글자를 표현하려니 당연히 한눈에 보기 쉽지 않았죠. 게다가 각 글자가 다른 글자와 함께 쓰일 때 어느 쪽에 있느냐에 따라 의미가 달라졌어요.

이 방법을 이용하면 모든 수를 표현할 수 있어요. 57은 LVII, 94는 XCIV, 102는 CII 같은 식으로 말이죠. 하지만 문제점을 눈치챘나요? 로마식으로

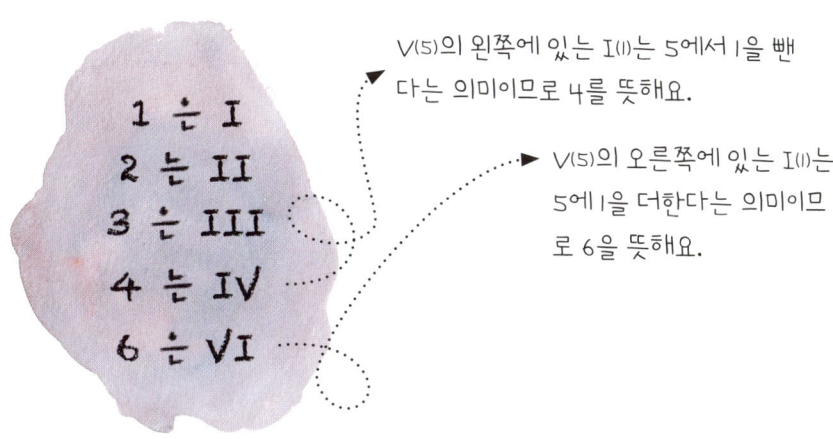

수를 쓰면 그리스나 이집트의 방식에 비해서 수가 커질수록 글자를 더 많이 써야 됩니다. 로마에서는 이집트 방식으로 더하기와 나누기를 했으므로 당시 로마에서 수학을 배우려면 정말 고통스러웠을 겁니다.

인도가 최초!
0의 위대함

　이처럼 유럽 지역의 사람들이 수를 표시하고 계산하는 방법으로 골머리를 앓던 시기에 고대 중국에서는 젓가락 길이 정도의 막대기 여러 개를 이용해서 수를 표시하는 방법인 '산가지'가 만들어졌습니다.

　중국의 역사는 이집트의 역사보다 어쩌면 더 오래되었을 수 있지만 워낙 많은 기록과 자료가 없어져서 이 방법이 정확히 언제 만들어졌는지는 아무도 모릅니다. 어쨌든 이 방법에 대한 이야기가 나오는 가장 오래된 기록이 2300년 전의 것이므로 이보다 더 오래되었음은 분명하죠.

> 산가지는 중국, 한국, 일본에서도 거의 같은 방식으로 사용되었어요.

산가지 방식의 흥미로운 점은, 같은 기호인데도 위치에 따라 의미하는 값이 달라진다는 겁니다. 언뜻 생각하기에 복잡할 것 같지만 오늘날 사용되는 수 표기 방식도 마찬가지예요. '6'이라는 글자의 의미가 672와 163에서 같나요? 26의 6은요?

산가지 방식도 마찬가지입니다. 단지 우리에게 익숙한 방식처럼 10개의 기호가 아니라 18개로 수를 표현한다는 점이 다를 뿐입니다. 산가지 방식에서 사용하는 18개의 글자는 1부터 9까지를 표현하는 아홉 가지와 10부터 90까지를 나타내는 아홉 가지입니다.

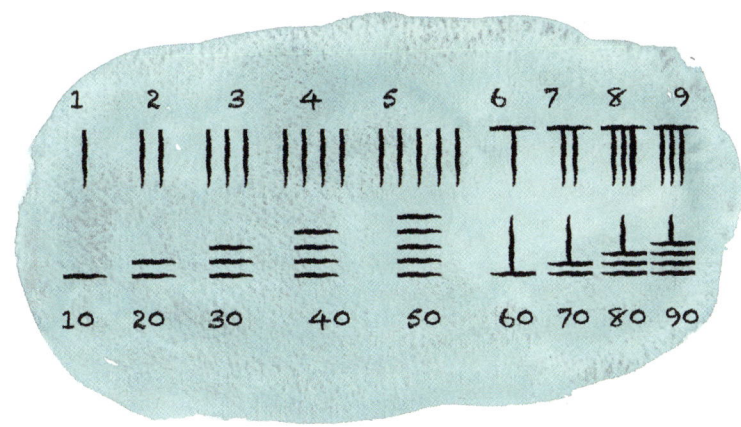

위의 그림을 보면 훨씬 이해하기 쉬울 거예요. 모두 일자 모양의 가지를 이용해서 표현합니다. 1단위의 수를 90도로 돌려놓거나 위아래를 뒤집어 놓은 듯한 모양이지요.

산가지 방식이 사용되던 시대에는 산가지를 바둑판 모양의 그림이 그려진 천 위에 놓고 이용했습니다. 그리고 값이 0인 자리에 해당하는 칸은 비워 놓았지요. 예를 들어 1034라면 아래 그림처럼 100단위에 해당하는 칸을 비워 놓았습니다.

1034			
I		III	IIII
1000	빈칸	30	4

값에 따라 가지를 회전시키는 산가지의 표현 방법은 상당히 쓸모 있었습니다. 값이 0인 자리를 빈칸으로 표시하지 않아도 헷갈릴 가능성이 없었거든요. 다음의 예를 살펴볼까요.

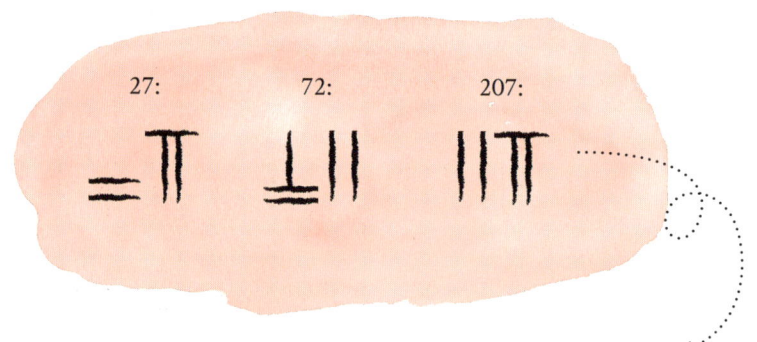

207을 산가지 방식으로 쓸 때 10의 자리가 빈칸이어야 합니다.
하지만 2를 나타내는 글자는 20과 다르므로 한눈에 10의 자리 글자가
아니고, 7을 나타내는 글자는 1의 자리라는 것이 명확하므로
굳이 10의 자리를 비워 둘 필요가 없어요.

요즘 우리가 0이라는 글자로 수를 표시하는 방법과는 확연히 다르다는 걸 금방 알 수 있죠? 지금 우리가 사용하는 수의 표현 방법은 우리에게 너무

나 익숙해서 아주 당연하게 생각되지만, 이 방법을 쓰기까지 정말 오랫동안 많은 사람이 골머리를 앓았답니다. 아무것도 없음을 표시하는 기호인 '0'이라는 존재 때문이지요. 0은 지금의 인도 지역에서 이루어진 수학의 발전과 아주 깊게 관련되어 있습니다.

0의 개념과 표기를 만들어 낸 인도

대략 기원전 2500년경, 당시의 이집트나 중국 못지않게 발달한 문명이 인더스강이 흐르는 계곡을 따라 번성했습니다. 바로 인도입니다. 이 지역에서 발굴된 유물을 살펴보면 당시 사람들은 이미 무게를 측정하고 십진법을 사용했음을 알 수 있어요. 기원전 1500년부터 기원전 500년 사이에 쓰인 고대 인도의 힌두교 경전 〈베다〉에도 십진법과 아주 큰 수에 대한 내용이 소개되어 있지요.

이 지역은 교역에 아주 중요한 위치였기 때문에 서쪽에서는 그리스 사람들과 이집트 사람들이, 동쪽에서는 중국 사람들이 자주 오갔습니다. 그래서 인도 수학자들이 독자적으로 0을  만들어 냈는지, 그리스나 이집트, 중국에서 온 사람들에게서 얻은 지식을 바탕으로 만들어 냈는지는 확실하지 않아요. 세상의 모든 지식은 사람들과 교류하는 과정에서 만들어집니다. 아무것도 없는 데에서 갑자기 무언가가 튀어나올 수는 없는 법이니까요.

분명한 사실은 인도 사람들이 고대 세계에 존재하던 세 가지 수 표현 방법, 즉 십진법, 수의 자리 개념, 값이 없는 자리의 표현 방법을 받아들였다는

고대 마야의 수 표시 방법에도 0을 뜻하는 기호가 등장하지만 실제로 어떻게 쓰였는지는 정확히 알 수 없습니다. 특정 자리의 수가 비어 있다는 표현 방법은 마야 시대 이후의 문명인 기원전 300년경의 바빌로니아 문명에도 나타나고, 고대 그리스나 이집트 유물에서도 발견됩니다. 하지만 인도 이외의 지역에서는 이런 표현 방법이 자리를 잡지 못했던 것 같아요.

것입니다. 그리고 완전히 새로운 수의 개념과 표기법을 만들어 냈죠. 바로 '0'입니다.

인도에서는 종교와 철학이 수학에 아주 큰 영향을 미쳤어요. 고대 이집트 사람들은 실용성을 추구했고, 그리스 사람들이 지식 자체에 관심이 많았던 데 비해서 인도 사람들은 엄청나게 거대하거나 아주 작은 관념적 대상에 매혹되었죠. 그래서인지 인도 사람들은 우주가 사람들이 일상에서 파악할 수 있는 세상의 크기보다 훨씬 크다는 것을 이미 알고 있었습니다.

이런 이유로 인도 사람들은 굉장히 커다란 수와 아주 작은 수를 표현하는 방법을 연구했고, 마침내 만들어 냈어요. 2500년 전에 쓰인 〈불경〉이 좋은 예입니다. 〈불경〉에는 부처님이 아주 큰 수를 표현하기 위해 100을 계속 곱해 나가다가 결국 10^{421}에까지 이르는 이야기가 담겨 있어요. 이게 얼마나 큰 수냐 하면, 10^{421}은 10 뒤에 0이 421개가 있다는 뜻입니다. 이 정도면 온 우주에 존재하는 모든 원자의 개수보다 더 큽니다.

종교적, 철학적 이유 때문에 엄청나게 큰 수에 관심이 생긴 인도 사람들은 결국 그런 수를 표현하는 방법을 만들어 내기에 이릅니다. 인도에서 '0'은 수가 없는 자리를 표시하는 방법과 관계가 깊어요. 하지만 수가 없는 자리를 표시하는 것과 아무것도 없음을 의미하는 수 0이 같은 것이라고 생각하기까지 또 오랜 시간이 걸렸습니다. 지금 우리에게는 너무나 당연한 개념이지만, 아무것도 없는 상태를 무언가로 표시한다는 생각 자체가 당시에는 힘든 일이었거든요.

0이 등장하는 가장 오래된 기록은 7세기 인도의 수학자 브라마굽타(Brahmagupta)가 남긴 것입니다. 여기서 그는 산수의 기본 원리를 설명할 때 0을 이용합니다.

지금까지 남아 있는 내용을 바탕으로 살펴보면 브라마굽타가 생각했던 0은 지금 우리가 사용하는 0의 의미와 똑같지는 않았던 것 같아요. 그는 음수를 '빚'으로 이해했고, 어떤 수라도 0으로 나누면 0이 된다고 생각했거든요.

한참이 지나서 인도의 한 수학자가 어떤 수라도 0으로 나누면 무한히 큰 수가 된다는 개념을 만들어 내기도 했습니다. 지금은 어떤 수를 0으로 나누는 것을 '수학적으로 의미를 정할 수 없다'고 하는데, 이건 다르게 말하면 있을 수 없는 일이라는 뜻이에요. 이 개념은 아주 획기적이어서, 학자들은 수백 년 동안 그리고 지금까지도 이것에 대해 연구하고, 의견을 교환하고 있답니다.

인도에서는 0이라는 개념뿐만 아니라 1, 2, 3, 4, 5, 6, 7, 8, 9와 같이 수를 표시하는 기호도 만들어 냈습니다. 자신들이 쓰던 문자에서 따온 것들이지요. 고대 그리스에서도 수를 나타내는 글자를 자신들의 문자에서 따왔어요.

숫자의 모양은 시대가 바뀜에 따라 조금씩 달라졌고,
인도식 숫자를 받아들였어도 0을 이해하지 못한 곳들도 있었습니다.

숫자의 모양은 시간이 갈수록 조금씩 지금의 모습에 가깝게 변해 왔습니다. 지금은 2+2=4라는 수식을 공통적으로 사용하지요. 숫자를 읽는 방법은 다르지만 말이에요.

인도에서 만들어진 숫자는 아랍 지역으로 전해졌습니다. 당시 아랍은 세계에서 문화와 과학, 경제가 가장 발전한 곳 중 하나였습니다. 당연히 아랍의 천문학, 의학, 수학의 수준이 매우 높았는데도 아랍 사람들은 0의 개념을 쉽게 받아들이지 못했어요.

수학자들이 이 개념을 완전히 받아들이기까지 수백 년의 시간이 더 필요했습니다. 0은 수로서 받아들여지지 못했을 뿐 아니라 수학자들은 계산 후 답이 0, 곧 '아무것도 없음'으로 나온다는 개념 자체도 납득하지 못했습니다. 17세기 프랑스의 수학자 알베르 지라르(Albert Girard)의 책이 나오기 전까지 말이죠. 0이 처음으로 등장한 지 무려 1000년이나 지난 뒤의 일입니다.

0을 비롯한 인도의 숫자를 유럽에 전한 사람은 이탈리아 상인이자 수학자인 피보나치(Fibonacci)입니다. 그는 중동 여러 지역을 방문하면서 아랍 상인들이 인도식 숫자를 이용해서 자신보다 훨씬 빠르고 정확하게 계산하는 모습을 보았습니다. 당시에 유럽에서는 로마식 숫자를 썼거든요.

크게 놀란 피보나치는 인도식 숫자를 자신이 쓴 『산반서』에서 소개했습니다. 단순히 수를 표기하는 새로운 숫자를 소개하는 데 그치지 않고 이를 이용해서 계산하고 문제를 푸는 여러 방법과 함께 말이죠. 피보나치 덕분에 인도와 유럽의 문화가 연결되었을 뿐 아니라 유럽 사람들은 수학 분야에서 발전할 계기를 얻게 되었습니다.

'2 + 2'의 기적

인류가 수라는 개념을 만든 후 더하기, 빼기, 곱하기, 나누기는 우리의 삶에서 없어서는 안 되는 것이 되었습니다. 사칙연산이라고도 하는 이 셈법은 사람들에게 수학의 기본으로 받아들여졌습니다. 특히 인도에서 만들어진 수 표기법은 사칙연산의 새로운 방법을 만들어 냈고, 수 사이의 관계를 더 깊이 들여다보게 해주었지요.

숫자가 만들어지기까지 오랜 시간이 걸렸지만, 같은 숫자일지라도 수의

> 수학의 여러 분야 중에서 수의 연산에 관한 분야를 산수라고 합니다.
> 산수는 말 그대로 '수'를 '연산'한다는 뜻입니다.
> 영어로 아리스메틱(arithmetic)이라고 하는데,
> 그리스어 아리스모스(arithmos, 명백하게)에서 유래한 단어예요.
> 산수는 일상에서 가장 오래전부터 접해 온 수학의 모습이죠.

자리에 따라 값이 다르다는 개념은 그전부터 여러 문화권에 존재했습니다.

숫자를 모르고 수의 자리라는 개념도 없다면 수를 어떻게 표기할수 있을까요?

자신을 고대 메소포타미아의 양치기라고 가정해 봅시다. 나는 수를 5까지만 셀 줄 압니다. 그런데 양은 35마리가 있어요. 낮에 들판에 풀어 놓은 양들이 저녁에 모두 돌아왔는지 어떻게 확인할 수 있을까요? 아무리 뛰어난 양치기라도 양 35마리의 얼굴을 모두 외울 수는 없겠지요.

그런데 다행히 양을 세는 방법이 있습니다. 방법은 이렇습니다. 수를 5까지만 셀 줄 아니 양 5마리마다 나무에 줄을 하나씩 긋습니다.

나무에 줄 5개를 긋고 나면 더 이상 수를 셀 수 없으니 새 나무에 줄을 긋습니다. 그렇게 줄 5개를 그은 나무 하나와 줄 2개를 그은 나무 하나를 손에 들게 되면 '아, 이제 양들이 모두 돌아왔구나.' 하고 알게 되는 거죠.

  나무가 없다면 돌멩이를 이용하는 방법도 있습니다. 우선 땅바닥에 줄 2개를 나란히 긋습니다.

  양 5마리를 셀 때마다 아래쪽 줄 위에 돌멩이를 하나씩 놓습니다.

  양을 세어서 25가 되면 아래쪽 줄의 돌멩이를 모두 치우고 윗줄에 돌멩이를 하나 놓습니다.

  양을 계속 세어 35까지 가면 아래쪽 줄에 돌멩이 2개가 놓이겠죠.

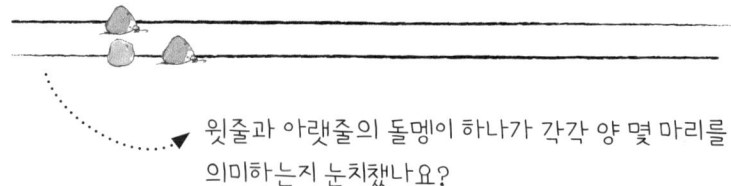

윗줄과 아랫줄의 돌멩이 하나가 각각 양 몇 마리를 의미하는지 눈치챘나요?

  마야, 중국, 일본에서는 이처럼 간단하고 기발한 계산을 어디서나 사용할 수 있는 도구를 만들어 냈습니다. 들고 다닐 수 있는 크기로, 일종의 계산기

알려진 것 중에서 가장 오래된 계산기는 바빌론에서 쓰던 것입니다. 홈이 파인 대리석에 돌멩이 같은 물건들을 올려놓아 수를 표시했다고 해요.

인 셈이죠. 그리고 이런 물건을 통틀어 보통 '주판'이라고 부릅니다.

상거래가 활발한 곳에서 빠르고 정확한 계산을 도와주는 도구는 하늘에서 내려 준 선물과 같았겠지요. 그래서 고대에는 주판을 전문적으로 다루는 사람이 따로 있었습니다. 유럽에서는 중세 시대까지 매우 안정적인 직업이었지요.

1980년대에 전자계산기가 저렴하게 보급되기 전까지 많은 나라에서 주

주판을 뜻하는 아바커스(abacus)는 땅, 흙을 뜻하는 히브리어에서 유래했습니다. 앞에서 양치기가 양을 세는 방법에서도 알 수 있듯이, 무언가를 세는 방법이 수를 땅바닥에 돌로 표시하면서 시작되었기 때문이에요.

판은 흔히 사용되는 물건이었어요. 아마 주판 사용법을 배우고 나면 이게 얼마나 기발한 방법인지 알 수 있을 거예요.

주판의 형태는 다양하지만 대체로 가느다란 막대기에 구멍 뚫린 작은 주판알을 끼워 위아래로 움직이는 형태를 띱니다.

한때 일본에서는 전자계산기와 주판이 붙어 있는 제품이 판매되었어요. 사람들이 전자계산기의 계산 결과를 잘 믿지 않아서 확인용으로 주판이 붙어 있었답니다.

주판에 어떤 수를 표시하려면 주판알을 위아래로 움직여 위치를 바꾸어 줍니다. 이런 식으로요.

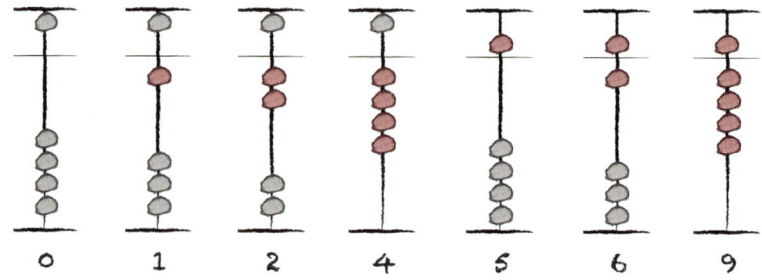

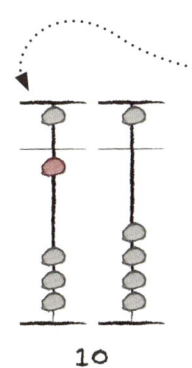

9보다 큰 수를 표현하려면 어떻게 하면 될까요? 한 칸 왼쪽으로 옮겨 가면 됩니다.

주판을 이용하면 더하기와 빼기를 놀랍도록 효과적으로 할 수 있습니다. 게다가 계산 중에도 현재의 값을 계속 볼 수 있어서 주판을 갖고 있으면 수를 표시할 손가락이 늘어난 셈이나 마찬가지예요.

예를 들어 주판으로 3 더하기 4를 계산하는 방법을 살펴볼게요. 우선 주판에 3을 표시하고, 4에 해당하는 주판알을 하나씩 더합니다. 그럼 결과가 바로 나오죠.

그럼 더 큰 수는 어떻게 더할까요? 주판의 기본 원리는 수의 자리를 주판에 적용하는 거예요.

만약 123+45를 계산한다면 우선 123을 주판에 표시하고, 여기에 45를 이렇게 더하면 됩니다.

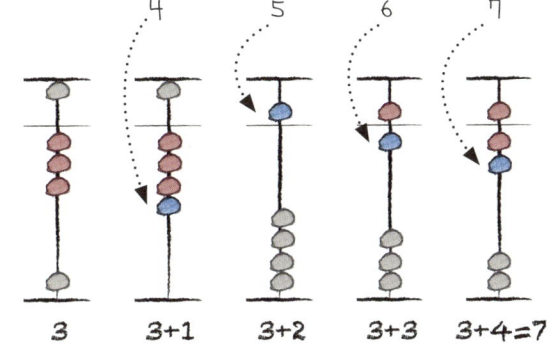

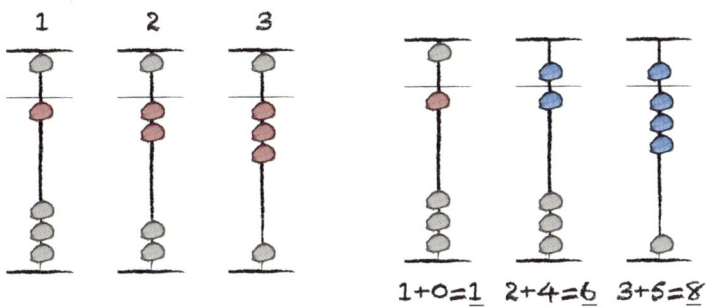

123+45 = 168

빼기를 할 때도 마찬가지예요. 더하기를 할 때와 반대로 주판알을 조작하면 됩니다. 주판으로 곱하기와 나누기도 가능하지요. 물론 훨씬 복잡하고 어렵지만 누구나 배우면 할 수 있습니다. 주판을 잘 다루는 사람은 사칙연산을 빠르게 할 수 있고, 머릿속으로 주판알이 자동으로 그려져 암산에도 뛰어납니다.

> 의료용으로 쓰이는 컴퓨터 단층 촬영 장치로 뇌의 변화를 살펴본 연구에 따르면 주판을 이용할 때와 종이와 연필을 이용할 때에 뇌의 서로 다른 부분이 활발하게 움직인다고 합니다.(물론 이런 연구 결과만으로 명확한 결론을 내릴 수는 없어요.) 주판을 이용할 때는 시각을 담당하는 부분이 더 활성화되고, 종이와 연필을 이용할 때는 언어와 관련된 부분이 두드러진다고 해요.

　그런데 주판이 그렇게 뛰어난 도구라면 왜 사람들은 종이와 연필로 계산을 할까요? 첫 번째 이유는 보통 아라비아 숫자라고 부르는 인도식 숫자가 단순하고 명확한 데다, 물건을 사고판 내역을 기록으로 남길 수 있기 때문이에요. 인도식 숫자가 무역이 이루어진 길을 따라서 전 세계로 퍼져 나간 것은 결코 우연이 아니랍니다.

　인도식 수 표기법을 처음 받아들인 사람 중에 아랍 사람들도 있었습니다. 당시 과학이 매우 발전해 있던 아랍 국가는 이 덕분에 혁명적인 변화를 겪게 됩니다. 수학, 물리학, 의학 등 모든 분야에서 유럽을 크게 앞섰고, 유럽은 아랍이 전해 준 책을 통해 새로운 지식을 얻었습니다.

그럼에도 불구하고 유럽에서 수를 인도식으로 쓰게 되기까지는 많은 세월이 걸렸어요. 16세기가 되어서야 비로소 로마식 숫자를 대신해서 인도식 숫자를 사용한 문서가 만들어지기 시작했으니까요.

인도식 숫자와 표기 방식은 새로운 글자이자 기호였기 때문에 유럽 사람들은 이를 선뜻 받아들이지 못습니다. 유럽식 계산 방법으로 계산하는 일을 직업으로 삼은 사람들이 강하게 반발했던 건 말할 나위도 없었지요.

유럽에서 인도식 숫자가 완전히 자리 잡은 것은 구텐베르크(Gutenberg)의 인쇄술 덕분이라고도 할 수 있습니다. 인도식으로 수를 표기하는 쪽이 훨씬 단순하고 배우기 쉬워서 누구나 사용할 수 있었거든요. 게다가 인쇄 속도도 훨씬 빠른 데다가 비용도 적게 들었어요.

구텐베르크가 인쇄술을 발명하기 전까지 유럽에서는 모든 책을 일일이 손으로 베껴 써서 만들었습니다. 구텐베르크가 만든 인쇄기를 이용하면 각 페이지를 도장 찍듯이 빠르게 찍어 낼 수 있었어요. 아시아에는 그전부터 비슷한 기계가 있었지만, 구텐베르크는 이와 상관없이 자신만의 아이디어로 인쇄 기계를 고안해 낸 것이 확실해 보입니다.

인도식 숫자 덕분에 수를 계산하는 일이 엄청나게 쉬워졌습니다. 단지 물건을 사고판 기록을 남기기 편해졌다는 차원이 아니라, 수학 분야에 혁명을 불러일으켰습니다. 예전보다 훨씬 복잡한 곱하기와 나누기도 쉽게 할 수 있게 됐어요. 지금은 곱하기와 나누기가 따분하고 지루한 연산에 불과하지만, 중세 유럽에서 곱하기와 나누기는 일종의 첨단 기술에 가까웠거든요.

종이와 연필로 계산을 하게 되면서 수 자체의 특성과 수 사이의 규칙성을 알게 되었습니다. 고대 그리스 사람들 덕분에 점, 직선, 평면, 삼각형 등 현실에 존재하지 않는 형상을 상상하게 되었다면, 인도식 숫자를 이용하기 시작하면서 서로 다른 수 사이의 관계와 작용 과정을 알게 된 거죠.

그 덕분에 종이와 연필을 이용해서 다양한 방법으로 수학을 다루게 되었습니다. 여기에 옳고 그른 방법은 없어요. 각기 다른 방향에서 수 사이의 관계를 바라볼 뿐이지요.

예를 들어 97과 17을 더하는 경우를 생각해 봅시다. 이 문제를 계산하는 방법은 여러 가지입니다. 우선 십의 자리만 따로 더하고, 일의 자리만 따로 더한 뒤 둘을 더하는 방법이 있습니다.

십의 자리만 더한다　　일의 자리만 더한다
90+10 = 100　　　　　　7+7 = 14　　　114

일단 더하고자 하는 수를 십의 자릿수와 일의 자릿수로 쪼갭니다.
암산할 때 이 방법으로 하는 사람도 많을 거예요.

이런 방법도 있죠.

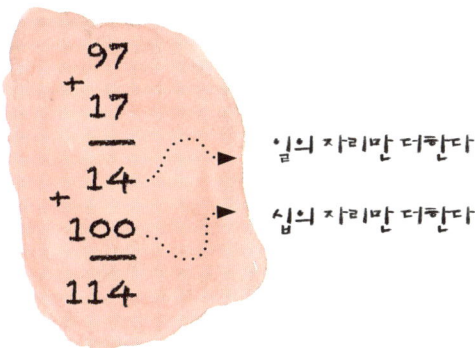

아니면 이런 식으로도 할 수 있겠네요.

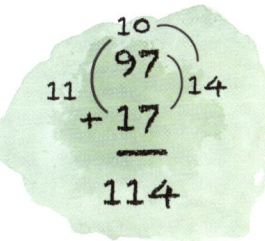

가장 적은 단계를 거쳐서 계산하는 방법이에요. 계산의 많은 부분을 암산하는 방법입니다.

어떤 식으로 계산하든 각각의 단계는 아주 간단한 더하기와 빼기입니다. 예를 들어 어떤 수에 9를 더하는 경우를 생각해 봅시다. 십의 자리에는 항상 1을 더하고, 일의 자리에서 1을 빼면 답이 나오겠죠. 오른쪽 그림처럼 말이에요.

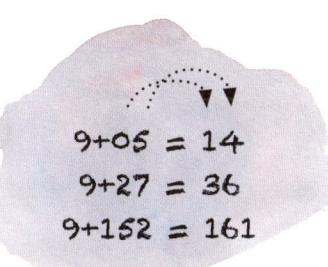

하지만 산수에서 정말 기발한 부분은 곱하기와 나누기예요.

어떤 수에 5를 곱하면 일의 자릿수는 항상 5 아니면 0이 됩니다. 한번 아무거나 해보세요. 항상 그렇다니까요.

그리고 어떤 수이든 9를 곱할 경우 답의 각 자리의 수를 더하면 9가 됩니다. 복잡하게 들리나요? 오른쪽 식을 보면 바로 이해할 수 있을 거예요.

$$9 \times 2 = 18 \ (1+8=9)$$
$$9 \times 25 = 225 \ (2+2+5=9)$$
$$9 \times 4237 = 38133$$
$$3+8+1+3+3 = 18$$
$$1+8=9$$

정말 신기한 경우는 11을 곱할 때예요. 22에 11을 곱해 볼까요?

우선 11에 곱할 수 22를 널찍하게 떨어뜨려서 2와 2라고 종이에 씁니다. ·········▶ 2   2

이제 이 두 숫자 2와 2를 더한 값을 두 숫자 사이의 괄호 안에 적습니다. 그리고 괄호를 지우면 답이 됩니다!

$$2 \ (2+2) \ 2 = 2 \ (4) \ 2 \ \cdots\cdots\blacktriangleright \ 242$$

만약 괄호 안에 넣을 값, 그러니까 두 수를 더한 값이 10 이상이라면 (87에 11을 곱하는 경우처럼) 십의 자리에 나오는 1을 왼쪽 수에 더해 주면 됩니다. 오른쪽 식을 보면 이해가 빠를 거예요.

$$8 \ 7$$
$$8 \ (8+7) \ 7$$
$$8 \ (15) \ 7$$
$$957$$

그런데 분명히 눈에 보이는 규칙성이 있어야 할 것 같은데 실제로는 그렇지 않은 경우도 있습니다. 예를 들어 1과 자신 외에는 나누어지는 수가 없는 수인 '소수(素數, prime number)'가 그렇습니다. 소수를 쭉 늘어놓았을 때 규칙성이 전혀 보이지 않고, 어떤 소수의 다음 소수를 알아내는 방법도 지금까지 찾아내지 못했거든요.

우리가 지금 수학이라고 부르는 분야에서는 이런 규칙성을 찾아내는 일이 매우 중요했어요. 그런데 간단하고 정확한 계산 방법이 만들어지면서 그 전에는 찾아내기 어렵던 것들을 더 쉽게 알아내게 되었습니다. 그중 제일 유명한 것이 파이(π)입니다.

3.14159265359, 어디까지 계산해 봤니?

3.14159265359는 수학에서 가장 유명한 수일 겁니다. 그저 하나의 수일 뿐이지만 이름도 있지요. 그리스 알파벳인 π라고 쓰고 '파이(pi)'라고 읽습니다. 파이는 원둘레와 지름의 비율, 즉 원주율을 뜻합니다. 당연히 어느 원에서나 항상 값이 똑같고, 자연에서도 많이 등장하지요. 파이는 기하학, 물리학, 천문학을 비롯해 수학의 모든 분야에서 매우 중요한 수입니다.

> 수학에서는 항상 같은 값을 가지는 수를 '상수'라고 불러요.
> 자주 등장하기 때문에 쓰기 편하도록 이런 수에는 보통 이름을 붙여 줍니다.
> 계산이 복잡할수록 자주 나오는 수에는 이름이 있는 게 편하겠죠?
> 그래서 수학자들은 수에 이름 붙이는 걸 무척 좋아해요.

어떤 크기의 원이라도 원둘레를 지름으로 나누면 3보다 살짝 큰 값이 나옵니다. 그리고 이 값의 이름을 파이라고 부르지요. 이미 고대 바빌로니아 시대에도 파이는 항상 같은 값이라는 걸 알았습니다. 문제는 파이의 값을 정확하게 계산하기가 무척 어렵다는 거였어요. 그때는 계산하는 방법이 지금과 비교할 수 없이 복잡했을뿐더러, 원의 지름과 둘레의 길이를 정확하게 측정한다는 것 자체가 불가능했거든요. 그러다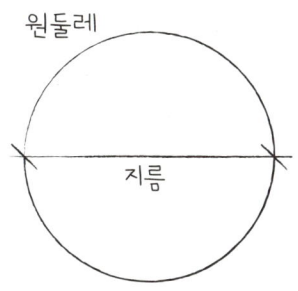
보니 수천 년 동안 파이의 정확한 값을 알아내려고 수학자들의 엄청난 노력이 이어졌습니다.

고대의 그리스, 중국, 인도를 비롯해서 수학이 존재한 거의 모든 문명에서 이 까다로운 수의 정체를 밝히기 위해 무던히 애썼습니다. 대부분 근사치까지는 찾아냈지만 어떤 문명에서도 정확한 값을 구하지는 못했습니다.

이처럼 '정확한 값'의 파이를 구하지 못하자 수학자들은 반드시 파이의 정체를 밝혀내고야 말겠다는 열정으로 불타올랐습니다. 마치 수학이라는 울창한 숲속에 숨어 사는 신비의 동물을 찾는 것과 같았지요.

반면에 고대 이집트 사람들은 매우 실용적인 사람들이었어요. 원주율은 그냥 대충 3이라고 생각하고 더 이상 고민하지 않았지요.

지금껏 알려진 바로는 2200년 전쯤의 그리스 학자 아르키메데스(Archimedes)가 역사상 최초로 파이의 정밀한 값을 구했다고 합니다. 0이라는 개념도 없던 시대라는 점을 떠올리면 정말 놀랍지요?

그는 어떻게 파이를 계산했을까요?

아래 그림처럼 우선 원을 그린 후 원 안쪽과 바깥쪽에 이 원과 닿도록 정육각형을 그립니다. (육각형은 각이 6개인 도형을 의미합니다. 정육각형은 6개의 변의 길이가 모두 같은 육각형이지요. 각의 수와 변의 수가 항상 같습니다.)

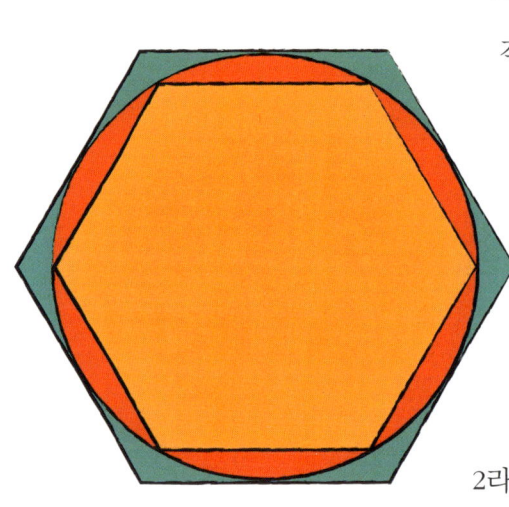

그런 뒤 두 육각형 둘레의 길이를 각각 잽니다. 바깥의 육각형은 원보다 크고, 안쪽의 육각형은 원보다 작으니 당연히 원둘레의 길이는 이 두 육각형 둘레 길이의 사이에 있겠지요. 예를 들어 바깥쪽 육각형의 둘레 길이가 4이고 안쪽의 작은 육각형의 길이가 2라면 원둘레가 정확히 얼마인지는 몰라도 2보다 크고 4보다 작다는 것을 알 수 있습니다. 이 상태를 수학 기호로 나타내면 '2 < 원둘레 < 4' 입니다.

> '>'라는 기호는 이 기호의 왼쪽에 있는 것이
> 오른쪽에 있는 것보다 더 크다는 의미입니다.
> 반대로 '<'는 오른쪽에 있는 것이 왼쪽에 있는 것보다 더 크다는 뜻이고요.

하지만 한눈에 보기에도 육각형과 원은 차이가 많이 납니다. 그래서 아르키메데스는 육각형보다 더 원에 가까운 다각형을 그리기 시작했어요. 결국 96각형까지 그렸지요.

하지만 다각형을 아무리 잘게 나누어 그려도 원이 될 수는 없습니다. 아르키메데스는 파이가 3.14084에서 3.14159 사이에 있는 값이라는 것까지만 확인할 수 있었어요. 실제로 파이는 3.14159로 시작하는 값이니 아르키메데스의 계산이 얼마나 정확했는지 알 수 있지요.

이 결과에 수학자들이 만족했을까요? 그럴 리가요.

수학자들의 집요함은 상상을 초월한답니다. 3세기 중국의 수학자 유휘(劉徽)는 아르키메데스와 동일한 방법에 도전해서 3072각형까지 그렸어요. 2세기 뒤에 조충지(祖沖之)는 무려 1만 2000각형까지 그렸답니다.

마침내 16세기 네덜란드의 뤼돌프 판 쾰런(Ludolph van Ceulen)이 인도식 숫자와 계산법을 사용해 무려 60×2^{26}각형을 만들어 내는 데 성공합니다(2^{26}은 2를 26번 곱한 수입니다. 이게 얼마나 큰 수인지 감이 오지 않는다면 2를 8번만 곱해 보세요). 이렇게 해서 그는 파이의 값을 소수점 아래 35자리까지 구했어요. 어찌나 자랑스러웠던지, 그는 이 결과를 발표하면서 "원하는 것을 아직 이루지 못했다면 좀 더 노력해 보시죠."라고 말했을 정도로 살짝 거만해졌다고 해요.

17세기 독일의 고트프리트 라이프니츠(Gottfried Leibniz)는 파이를 계산하는 수식을 만들어 냅니다. 계산하기가 좀 지루하지만 말이죠.

$$\frac{\pi}{4} = 1 - \frac{1}{3} + \frac{1}{5} - \frac{1}{7} + \frac{1}{9} - \frac{1}{11}$$

▶ 이런 식으로 계속돼요.

라이프니츠가 제시한 방법에 따르면 파이를 4로 나눈 값은 1에서 1/3을 빼고 여기에 1/5을 더하고 또 1/7을 빼는 식으로, 매번 다음 홀수가 분모이고 1이 분자인 수를 끝없이 더하고 빼는 과정이 반복되는 값과 같다고 합니다.

1/4과 1÷4는 '1을 4로 나눈다'는 뜻입니다. 둘 다 값은 0.25입니다. 1÷4보다 1/4이 더 보기도 쉽고 계산도 편해 수학에서는 대부분 이 방법을 사용해요. 이런 표기법을 '분수'라고 하고 '/'의 앞부분을 '분자', 뒷부분을 분모라고 합니다.

라이프니츠가 알려 준 식의 값을 계산하려면 엄청나게 고생스럽겠지만 고생이 심할수록 정확한 파이의 값에 더 가까워지겠지요.

아마 이 수식을 보고 눈치챈 사람도 있을 거예요. 이 식에는 끝이 없다는 걸 말이죠. 평생을 바쳐 계산해도 파이의 값을 완벽하게 구할 수는 없습니다. 아니, 세상에 이렇게 '끝이 없는' 수가 있다니 신기하지요? 이 친구에 대해서는 잠시 뒤에 다시 살펴보기로 하지요.

파이에서
로켓 발사까지

　그런데 라이프니츠는 어떻게 파이 구하는 식을 알아냈을까요? 바로 자신이 만든 미적분이라는 방법을 이용했습니다. 미적분이란 대상을 아주 잘게 나누거나 나눈 것을 쌓아 가며 분석하는 방법입니다. 설명만 들어도 무슨 소리인가 싶지요? 미적분은 아주 복잡한 것들을 분석하고 파악하는 데 굉장히 유용해요. 예를 들면 로켓이 날아간 궤적 같은 것이요. 유명하기로 둘째가라면 서러울 아이작 뉴턴(Isaac Newton)도 라이프니치와 같은 시기에 이 방법

을 생각해 냈고, 두 사람은 평생 서로 자기가 먼저라며 물러서지 않았습니다. 뉴턴이 먼저 이런 내용을 노트에 기록했기 때문에 그가 먼저라고 생각하는 사람이 더 많았습니다.

하지만 라이프니치보다 무려 3세기 전에 인도의 마다바(Madhava)가 이미 미적분의 개념을 만들어 내고 라이프니츠와 똑같은 방식으로 파이를 구하는 방법을 제시했습니다.

> 이 사례만 봐도 유럽 안에서 벌어진 일은 전 세계의 관점에서 보면 어느 한 곳에서 벌어진 일에 불과했다는 것을 알 수 있어요. 어차피 라이프니츠와 뉴턴이 마다바가 연구했던 내용을 알았는지, 같은 방법을 세 사람이 각자 알아냈는지 알 방법은 없어요.

어쨌거나 미적분이 만들어지면서 수학자들은 파이를 좀 더 정확하게 계산하는 방법을 손에 넣었고, 1705년에는 소수점 아래 72번째 자리까지 파이의 값을 구했습니다. 사실 이 정도만 알아도 현실에서 활용하는 데 충분

합니다. 무언가를 정밀하게 만들 때에는 소수점 아래 4자리 정도까지만 알면 되거든요. 행성 간의 거리를 측정할 때도 소수점 아래 35자리 정도까지 알면 오차가 겨우 원자 크기 정도밖에 나지 않습니다.

파이의 값을 더 정확하게 아는 일은 이제 수학자들에게 명예와 취미의 영역이 된 듯합니다. 하지만 그 덕분에 매우 흥미로운 특징들이 속속 발견되고, 파이는 수학에서 다양한 개념을 대표하는 존재로 관심을 받게 되었어요. 수 중에는 마트에서 물건이 몇 개인지 세는 것 같은 단순한 셈만으로는 절대로 정체를 알 수 없는 것들이 있거든요.

파이의 값을 살펴볼 때 가장 먼저 눈에 띄는 점은 소수점 아래로 숫자가 끝없이 계속된다는 겁니다. 컴퓨터가 발명된 뒤에도 그 끝을 알지 못해요.

파이의 신기한 점은 이것만이 아니랍니다. 숫자가 끝없이 이어지는데 특정한 숫자의 배열이 규칙적으로 반복되는 경우가 없어요. 그런 면에서 파이는 마치 혼돈의 세계를 보여 주는 대표 같기도 합니다. 또 원처럼 완벽해 보이는 대상에 파이가 존재한다는 사실은 완벽함과 혼돈이 항상 함께 존재한다는 뜻 같기도 하지요.

파이처럼 소수점 아래로 끝없이 불규칙하게 숫자가 이어지는 수를 '무리수'라고 합니다. 수의 세계가 밀림이라면 밤에만 활동해서 낮에는 자신의 존재를 보여 주지 않는 맹수처럼 무리수에는 하나같이 알 수 없는 이상한 구석이 있어요. 무리수의 정체를 설명하려면 무리수가 아닌 것을 먼저 살펴보는 게 빠를 것 같군요.

가장 먼저 떠오르는 수는 1, 2, 3, 4 같은 수입니다. 이런 수는 누구나 자연스럽게 받아들이지요. 그래서인지 이런 수를 '자연수'라고 합니다. 셀 수 있는 수라고 생각하면 이해하기 쉽습니다.

앞에서 이야기했듯이 0 역시 자연스러운 수는 아닙니다. 자연수와 0, 0보다 작은 수들을 순서대로 적어 보면 1, 2, 3, 4…, 0, -1, -2, -3, -4…가 되네요. 정리해서 …-4, -3, -2, -1, 0, 1, 2, 3, 4…라고 쓰니 더 보기가 좋군요. 이 수들을 '정수'라고 합니다.

수에는 '분수'도 있습니다. 나눗셈을 배우면 자연히 나오는 수지요. 라이

프니츠가 파이를 구하는 식을 살펴보면 분수가 나옵니다. 분수를 $\frac{1}{2}$이나 $\frac{3}{4}$처럼 표기해도 되고, 1/2처럼 표기해도 됩니다. 분수(a/b)란 정수 a를 정수 b로 나눈 값을 뜻합니다. 단 b가 0은 아니어야 합니다.

또 분수는 다른 방법으로 설명할 수도 있어요. "분수는 정수 2개의 비율이다."라고요. 이러한 수를 '유리수'라고 합니다. 여기까지 내용을 정리해 보면 모든 자연수는 정수이고, 모든 정수는 유리수입니다. 왜냐고요? 정수도 분수로 표현할 수 있거든요. 예를 들어 숫자 2는 2/1처럼 분모가 1인 숫자로 바꾸면 되니까요.

유리수는 셀 수 없을 만큼 무한히 많습니다. 양의 유리수건 음의 유리수건 말이죠. 1과 2, 123과 124처럼 서로 이웃한 정수 사이에도 유리수가 무한히 많겠지요. 수많은 분수가 존재할 테니까요. 혹시 머리가 지끈거리기 시작하나요? 글로 써서 헷갈릴 수 있지만 사실 아주 단순한 내용이랍니다.

자, 다시 설명해 볼까요? 유리수는 a/b같이 분수로 표현되고, 단 b가 0은 아니어야 한다는 점, 기억하죠? 그런데 정수는 무한하기 때문에 어떤 수라도 무한히 많은 종류의 수로 나눌 수 있어요. 1을 2로 나누는 1/2부터 시작해서 1/3, 1/4, … 1/21457863500000023456, …… 끝없이 이을 수 있잖아요. 그런데 이건 한계가 없다는 뜻인 '무한'이라는 개념의 시작에 불과합니다.

그래서 두 유리수 사이에 무한히 많은 수가 존재한다고 말할 수 있습니다. 이 정도면 모든 종

3/2는 1.500000000000000······이라고 쓸 수도 있어요.
단지 보기 편하도록 1.5라고 쓸 뿐이지요.

류의 수를 다 이야기한 것 같지만 그렇지 않아요. 분수로 표현할 수 없는 수도 있거든요. 유리수라는 이름을 붙였다는 것부터가 수 중에 유리수가 아닌 것도 있다는 뜻 아니겠어요? 유(有)의 반대는 무(無)이고, 바로 이런 수를 앞에서 무리수라고 했어요. 파이도 무리수 중 하나입니다.

유리수의 특징 중 또 하나는 분수로 표시된 값을 소수로 나타내면 소수점 아래의 숫자가 반드시 언젠가 끝나거나, 같은 숫자가 무한히 반복된다는 겁니다. 3/2=1.5이므로 소수점 아래에 1개의 숫자만 있고,

1/3=0.3333333······처럼 3이 끝없이 이어지지요. 0.123123123······처럼 숫자 여러 개가 반복해서 이어질 수도 있습니다.

무리수는 이런 식으로 분류했을 때 어디에도 포함되지 않는 수입니다. 사실 무리수에도 여러 종류가 있지만 그것까지 설명하면 이야기가 복잡해지니 여기서 멈추는 게 좋겠군요.

파이는 무리수이기 때문에 분수로 표현할 수도 없어요. 소수로만 표현할 수 있는데 소수점 아래로 규칙 없는 숫자가 끝없이 이어지죠.

이처럼 혼돈과 무질서의 대표처럼 보이는 파이가 놀랍게도 자연에서는 여기저기에 있답니다. DNA의 이중나선이라든가 시계추처럼 자연과 일상에 존재하는 모든 원과 곡선을 굳이 떠올리지 않더라도, 인구나 동식물에게 나타나는 패턴에 항상 나타나는 수가 파이입니다.

예를 들어 사람이나 동식물 집단의 사망률을 계산한다거나 얼룩말이나 표범 같은 동물의 털 무늬도 파이를 이용해 계산할 수 있어요.

어쩌면 사람들은 혼돈과 완벽함을 함께 가지고 있는 파이의 특성에 매료

되는지도 몰라요. 확률로 계산할 수 있는 대상을 살펴보다 보면 항상 파이가 등장하거든요. 실제로 일정한 규칙성이 있어 보이는 것뿐 아니라 변화가 심하거나 우연히 만들어지는 것에서조차 파이가 모습을 드러냅니다.

선거 전에 지지도를 파악하는 여론 조사를 할 때는 수많은 사람 중에서 조사 대상자를 골라야 하는데, 이때도 파이가 등장해요. 전 국민을 대상으로 할 수는 없으니 정해진 수, 예를 들어 2000~3000명을 대상으로 여론 조사를 하게 됩니다. 이때 나온 결과가 전체 인구의 의견과 거의 같아야 여론 조사로서 의미가 있습니다. 따라서 조사 대상자를 특정 공식에 따라 선정하는데, 여기에 파이가 사용됩니다. 수천만 명의 의견이라는 혼돈 속으로 파이라는 혼돈의 대표자를 보내서 질서 정연한 결과를 얻어 내는 것이지요.

이렇게 복잡한 계산에 파이가 필요하지만, 훨씬 단순하면서 필수적인 용도로도 파이가 쓰입니다. 컴퓨터가 제대로 작동하는지 확인할 때 파이를 계산하게 해서 얼마나 빠르고 정확하게 결과를 얻는지를 보는 거예요. 파이가 디지털 시대의 자격시험인 셈이지요.

처음 슬쩍 모습을 보여 준 뒤로 3000년 이상 흘렀고, 그 후 인류의 발전과 함께해 온 파이라는 수는 이제 과학의 선두를 이끄는 막강한 기계 속에 당당하게 자리 잡고 있습니다.

나는 몇 살일까요?
디오판토스의 묘비에 새겨진 방정식

누구나 한 번쯤 '문제의 핵심(crux)'이란 표현을 들어 보았을 겁니다. 어떤 상황이나 대상에서 가장 중요한 요소를 가리키는 표현이죠. 예를 들어 거실에서 고기를 구워 먹다 불이 나서 집이 모두 불타 버렸다면, 이 문제의 핵심은 실내에서 불을 피웠다는 사실 그리고 기본 상식이 없었다는 점입니다.

영어에서는 어떤 주제를 이야기할 때 여기서 'x'가 가장 중요하다는 표현을 자주 쓰는데요, 이것은 사실 수학, 구체적으로 대수학에서 나온 말이에요.

대수학이란 수 대신 문자를 쓰거나 수학법칙을 간명하게 나타내는 것을 말합니다. 대수학이라고 하면 어렵게 느껴지지만, 학교에서 배우는 '방정식'이 그중 하나랍니다. 방정식이 정확히 뭔지는 몰라도 방정식에 항상 등장하는 친구는 다들 알 거예요. 네, 바로 'x'죠. 문제의 핵심 말이에요.

방정식을 한마디로 이야기하면 값을 모르는 대상의 값을 알아내는 수단이라고 할 수 있어요. 이 '값을 모르는 대상'을 '미지수'라고 하고 'x'를 써서 표시합니다. 하지만 방정식이라는 개념이 만들어지기 훨씬 전부터 사람들은 모르는 값을 알아내는 방법을 차근차근 만들어 왔어요.

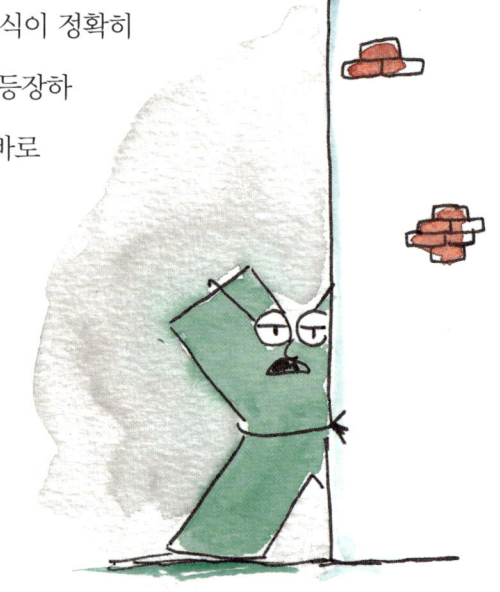

린드 파피루스에도 알지 못하는 값을 구하는 문제가 여러 개 실려 있어요. 예를 들어 다음과 같습니다.

"어떤 값이 있는데 여기에 이것의 1/7을 더하면 19가 된다. 이 값은 얼마인가?"

사실 린드 파피루스에 실린 문제들은 이렇게 전형적인 수학 문제 형식이 아니라 짧은 수수께끼 형식을 띠었어요. 게다가 당시에는 방정식 같은 풀이 방법이 없었기 때문에 시행착오를 거듭하면서 이 값, 저 값을 넣어 계산을 반복해야만 했습니다.

수학의 역사를 살펴보면 많은 사람이 이 '모르는 값'을 찾는 방법을 만들어 내려고 엄청나게 애를 썼어요. 물론 인류가 만들어 낸 것이 으레 그렇듯

이들이 남긴 기록도 모두 남아 있지는 않아요. 다행히 고대 그리스의 디오판토스(Diophantus)라는 사람이 이 문제를 붙들고 씨름했던 내용이 지금까지 전해지고 있습니다.

디오판토스는 서기 250년경에 이집트 알렉산드리아에 살았던 사람입니다. 그의 삶에 대해서는 전혀 알려진 바가 없고, 그가 쓴 수많은 책도 오랜 세월을 거치면서 대부분 사라졌어요. 다행히 남아 있는 책 중의 하나가 〈산수론〉인데요, 이 책의 주요 내용이 '모르는 값'을 찾는 방법에 관한 것입니다.

어떤 문제를 말로 잘 표현한다는 것은
'제대로 된 형태의 완전한 문장으로 서술한다.'라는 뜻이었습니다.
대부분의 문명에서는 모르는 값이 들어 있는 수학 문제를
이렇게 글로 표현했어요.

당시 그리스에서는 주로 기하학에 관심이 쏠려 있어 산수 분야가 그다지 주목받지 못했어요. 지금의 수학으로 이야기하자면 디오판토스가 제시한 문제들은 1차 방정식과 2차 방정식을 말로 풀어서 쓴 것입니다. 이 문제

를 대한 디오판토스와 당시 이집트 사람들 사이의 가장 큰 차이점을 꼽으라면 디오판토스는 모르는 값, 그러니까 문제에서 구해야 하는 값, 곧 알지 못하는 대상을 하나의 개별적인 존재로 생각했다는 점입니다. 그는 이 미지의 대상을 '아리스모스'라고 불렀어요. 지금까지 알려진 바에 따르면, 디오판토스는 오늘날 '+' '-' 같은 기호를 써서 연산을 표현한 최초의 사람이기도 합니다.

디오판토스가 쓴 책은 현재 수학계에서 잘 알려진 문제들로 가득 차 있는데요, 이 중 가장 유명한 문제는 어쩌면 진실일 수도, 허구일 수도 있는 이야기를 바탕으로 합니다. 전해지는 이야기에 따르면 디오판토스는 자신의 묘비에 수학 문제를 새겨 달라고 했다고 합니다. 그리고 자신이 몇 년 동안 살았는지 알고 싶으면 이 문제를 풀면 된다고 했다네요.

디오판토스의 묘비에 새겨졌다는 문제는 이렇습니다.

> 이곳을 찾은 여행자여!
> 여기 디오판토스가 묻혀 있도다.
> 그리고 마치 기적처럼, 어떤 수가 그가 얼마나
> 살았는지를 알려 줄 것이다. 그의 삶에서 1/6은
> 어린 시절이었고, 그 후 삶의 1/12가 지나자 얼굴에
> 수염이 나기 시작했다. 인생의 1/7이 지났을 때
> 결혼을 했지만 자녀는 없었다. 5년이 지난 뒤
> 소중한 첫째 아이가 태어났지만 아이는 아버지보다
> 절반밖에 살지 못했다. 커다란 슬픔에 잠긴
> 디오판토스는 아이가 죽고 난 뒤 고작 4년을
> 더 살고 이곳에 묻혔노라.
> 부디 디오판토스가 몇 살까지 살았는지
> 말해 주길 바라오.

실제로 이런 내용이 디오판토스의 묘비에 적혀 있었는지는 알 길이 없습니다. 하지만 방정식을 푸는 몇 가지 기본 원리만 안다면 이 문제는 쉽게 풀 수 있어요. 나중에 이 문제를 풀어 볼 테니 조금만 기다려 주세요.

> 15세기, 프랑스 수학자 피에르 페르마(Pierre Fermat)는
> 〈산수론〉을 읽으면서 8번 문제의 여백에 이렇게 적었습니다.
> "그런데 모든 세제곱수는 다른 두 세제곱수의 합으로 표현될 수 없고,
> 모든 네제곱수 역시 다른 두 네제곱수의 합으로 표현될 수 없으며,
> 3 이상의 지수를 가진 정수는 항상 이와 동일한 지수를 가진 다른 두 수의 합으로
> 표현될 수 없다. 나는 이것을 매우 놀라운 방법으로 증명했지만,
> 책의 여백이 충분하지 않아 적지는 않는다."

무슨 말인지 잘 몰라도 괜찮아요. 중요한 건 그 후 수백 년 동안 많은 수학자가 페르마의 이 주장을 증명하는 데 매달렸다는 사실입니다. 마침내 1990년대에 앤드루 와일즈(Andrew Wiles)가 이를 증명해서 수학의 역사에서 가장 오랫동안 풀리지 않던 문제 중 하나를 푸는 데 성공했습니다.

물론 다른 여러 문명에서도 '모르는 값'을 알아내는 방법을 찾아내려고 계속 애썼습니다. 인도에서도 많은 연구가 있었는데 대체로 굉장히 복잡한 개념을 이용했지요. 중국에서는 특히 13세기에 큰 성과가 있었습니다. 당시 이치(李治)를 비롯한 중국의 수학자들이 복잡한 대수학 문제를 푸는 방법을 만들어 냈다는 증거가 남아 있어요. 그런데 여기서 문제의 핵심은, 이들이 문제를 풀었다는 건 분명한데 푸는 방법은 전해지지 않았다는 겁니다.

많은 역사가가 중세 유럽에 중국의 수학이 영향을 미치기 시작한 건 13세기 몽골의 칭기즈칸이 영토를 확장하면서부터라고 생각합니다. 당시 몽골 제국은 역사상 가장 큰 제국을 이루었고, 매우 강대했던 문화권과 경제, 예술 과학 분야에서 활발히 교류했습니다. 바로 이슬람 제국이었죠.

오래전부터 중동 지역에서 성장해 온 이슬람 제국은 7세기 무렵부터 폭발적으로 커지기 시작했습니다. 남부 유럽, 북부 아프리카, 중동을 비롯해서 심지어 인도의 외곽 지역까지 아울렀지요. 과학, 수학, 천문학을 비롯한 수많은 분야에서 주목할 만한 성과들이 이슬람 제국에서 이루어졌습니다.

이러한 발전은 절대 우연히 이룩되지 않았습니다. 이슬람 제국의 통치자를 일컫는 칼리프는 대대로 과학과 기술 발전을 적극적으로 지원했어요. 칼

리프는 제국의 수도인 바그다드(현재 이라크의 수도)를 새로 건설했고 이곳에 '지혜의 전당'이라는 이름을 가진 엄청난 규모의 도서관을 비롯해 대규모 학문 연구 시설을 많이 만들었습니다.

당시 전 세계의 학자들이 이곳으로 몰려와 연구를 하고 학생들을 가르쳤습니다. 그 덕분에 이슬람 제국에서 수많은 위대한 발견이 이루어졌어요. 실용적 기술인 도시와 농지의 물 관리 시스템, 수 이론, 지도 그리는 법, 외과 수술 방법 등 분야도 매우 다양했습니다. 이처럼 바그다드에서는 호기심을 자극할 만한 연구라면 어떤 것이라도 빛을 볼 수 있었습니다.

지혜의 전당에서 지속적으로 이루어진 일 중 하나는 고대 그리스, 이집트, 인도, 중국의 서적을 구입해서 번역하는 작업이었습니다. 그 결과 역사상 가장 방대한 자료를 소장한 도서관이 만들어졌을 뿐 아니라, 고대에 쓰인 수많은 기록이 아랍어로 번역되어 지금까지 인류에게 전해지고 있어요. 이 작업이 없었다면 디오판토스의 〈산수론〉을 비롯한 대부분의 기록은 아마 사라지고 말았을 거예요.

미지수를 푸는 쉬운 방법을 찾아낸 알 콰리즈미

이슬람 제국이 배출한 뛰어난 학자들 중에서 가장 유명한 사람을 꼽으라면 지혜의 전당의 이름이 드높던 8세기에 살았던 알 콰리즈미(Al-Khwarizmi)일 겁니다. 그는 수학뿐 아니라 천문학, 상하수도, 농업용수 등 물을 다루는 수공학(水工學)에도 능통했습니다. 특히 수공학은 농촌과 도시의 물 공급이 필수적 문제였던 이슬람 제국에서 모든 통치자가 중요하게 여긴 분야였어요.

알 콰리즈미는 여러 가지 뛰어난 업적을 남겼는데요, 『완성과 균형을 이용한 계산에 대한 모든 것』이라는 책으로 유명합니다. 이 난해한 제목의 책 덕분에 오늘날 우리가 대수학이라고 부르는 분야가 태어났습니다.

이 책에는 '모르는 값'을 빠르고 손쉽게 찾아내는 방법들이 자세하게 소개되어 있습니다. 알 콰리즈미는 '모르는 값'을 찾아내는 방법을 탐구한 최초의 인물도 아닌데, 왜 유명할까요? 그가 쓴 책의 제목에 실마리가 있습니다. 그는 '모르는 값'이 들어 있는 모든 문제는 두 가지 측면을 가지고 있다고 보았습니다. 그리고 한쪽에서 벌어지는 일은 반드시 다른 한쪽에 영향을 미친다고 생각했지요. 제목에 있는 '완성'과 '균형'은 바로 이런 의미입니다.

> 그의 책이 라틴어로 번역되어
> 유럽에 소개될 때 제목이 너무 길어서 '알자브르(al-Jabr)' 부분만 떼어 내
> 『알지브르』라는 제목으로 출판되었어요. 이 제목은 훗날 대수학을 뜻하는
> '알지브라(algebra)'라는 단어의 기원이 되었답니다.

알 콰리즈미의 책에 실린 문제들은 수식이 아니라 문장으로 쓰여 있지만 오늘날 수학 기호를 이용해서 온전히 표현할 수 있어요. 그에게는 문제의 핵심을 매우 간결하고 빈틈없이 파악하는 능력이 있었습니다. 다음의 예를 보세요.

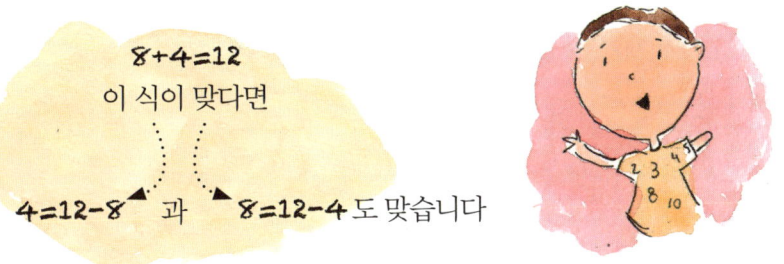

'='라는 기호의 왼쪽과 오른쪽에 있는 값이 항상 같은 것이 보이죠? 아주 간단한 내용 같지만, 이 세상의 모든 방정식을 푸는 방법은 모두 이 아이디어에서 출발했답니다.

알 콰리즈미는 '='를 사이에 두고 양쪽에 수식이 있는 '등식(방정식도 등식의 한 종류예요.)'은 균형을 이룬 시소와 같아서 양쪽에서 똑같은 수를 더하거나 빼도 균형 상태가 변하지 않으므로, 한쪽에 '모르는 값 x'만 남겨 두면 다른 쪽에 남은 값이 답이 된다는 것을 알아냈어요.

아주 쉬운 등식을 이용해서 설명해 볼게요.

"사과가 48개에 96원이라면 1개의 값은 얼마일까요?" 벌써 머릿속으로 96을 48로 나누어서 답을 구했을지도 모르겠네요. 하지만 직접 풀이해 보며 어떤 논리에 따라 그런 답이 나오는지 차근차근 살펴봅시다.

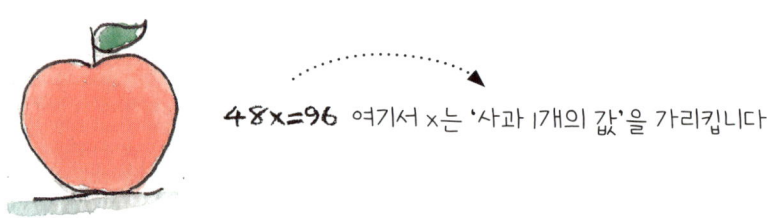

$48x = 96$ 여기서 x는 '사과 1개의 값'을 가리킵니다.

방정식을 푼다는 말의 의미는 '=' 기호의 한쪽에 x만 남도록 만든다는 것입니다. 그러면 반대쪽에 남은 값이 답이 되니까요.

그럼 이 문제에서 왼쪽에 x만 남게 하려면 48로 나누면 됩니다.

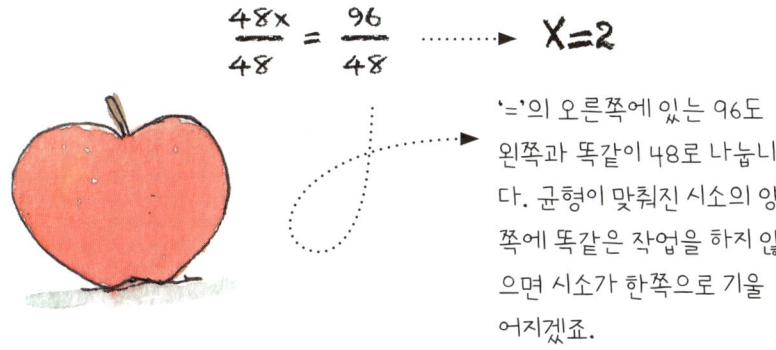

$$\frac{48x}{48} = \frac{96}{48} \quad \cdots\cdots\blacktriangleright \quad x=2$$

'='의 오른쪽에 있는 96도 왼쪽과 똑같이 48로 나눕니다. 균형이 맞춰진 시소의 양쪽에 똑같은 작업을 하지 않으면 시소가 한쪽으로 기울어지겠죠.

짜잔! 어때요, 아주 쉽지요? 사과 1개의 값은 2원이네요. 비슷한 방법으로 다른 문제들도 풀 수 있습니다. 앞에 나온 린드 파피루스의 문제도 한번 풀어 볼까요?

"이 값에 이 값의 1/7을 더하면 19가 될 때 이 값은 얼마인가?"

당시 이집트 사람들은 몰랐지만 그후 수천 년 동안 수학이 발전한 덕분에 알게 된 방법으로 이 문제를 풀어 봅시다.

$$x + \frac{x}{7} = 19$$

이 문제는 바로 앞의 문제보다 살짝 복잡하지만 전혀 어렵지 않으니, 긴장하지 마세요.

위의 등식은 다음처럼 써도 똑같습니다. 우리 앞에서 분모를 1로 하여 정수를 분수를 바꿀 수 있다고 배운 거 기억하죠?

$$\frac{x}{1} + \frac{x}{7} = \frac{19}{1}$$

이제 모든 분모를 똑같이 7이 되도록 만들어 봅시다. 그렇다고 무작정 분모에 7을 써넣으면 당연히 안 되겠죠? 이때도 분수의 위쪽(분자)과 아래쪽(분모) 사이의 관계가 변하지 않도록 해주어야 됩니다. 이렇게 모든 수를 7로 곱해서 말이죠.

$$\frac{7x}{7} + \frac{x}{7} = \frac{133}{7}$$

133은 19×7

중요한 건 이 시소의 균형을 계속 유지해야 한다는 거예요. 그런 뒤 아래쪽(분모)에 있는 7을 모두 한꺼번에 없애 버리면, 짜잔!

$7x+x=133$

$8x=133$

이제 양쪽을 모두 8로 나누면 x만 남겠군요.

$$\frac{8x}{8} = \frac{133}{8}$$

$X=16.625$

고대 이집트에서는 소수점을 이용해서 수를 표현하지 않았어요. 그래서 16.625를 정수와 분수만을 이용해서 16+5/8라고 표기했답니다. 신기하죠?

디오판토스의 나이를 맞혀 볼까요?

이제 디오판토스의 묘비에 적혀 있었다는 문제를 풀어 볼까요.

디오판토스가 몇 년을 살았는지를 알아내려는 것이니, 죽었을 때의 나이를 x라고 합시다.

그의 삶에서 1/6은 어린 시절이었고 ·················▶ $\dfrac{x}{6}$

그 후 삶의 1/12이 지나자 얼굴에
수염이 나기 시작했다. ·················▶ $\dfrac{x}{12}$

인생의 1/7이 지나자 결혼을 했지만 자녀는 없었다. ·················▶ $\dfrac{x}{7}$

5년이 지난 뒤 소중한 첫째 아이가 태어났지만 ·················▶ $\dfrac{5}{1}$

아이는 아버지보다 절반밖에 살지 못했다. ················▶ $\dfrac{x}{2}$

디오판토스는 아이가 죽고 난 뒤 고작 4년을
더 살고 이곳에 묻혔노라. ················▶ $\dfrac{4}{1}$

분수로 표현된 값들을 하나의 방정식으로 쓰면 이렇습니다.

$$\dfrac{x}{6}+\dfrac{x}{12}+\dfrac{x}{7}+\dfrac{5}{1}+\dfrac{4}{1}+\dfrac{x}{2}=\dfrac{x}{1}$$

4와 5는 더해서 한꺼번에 쓰도록 하죠.

$$\dfrac{x}{6}+\dfrac{x}{12}+\dfrac{x}{7}+\dfrac{9}{1}+\dfrac{x}{2}=\dfrac{x}{1}$$

드디어 아까 두었던 비장의 무기를 꺼낼 때입니다. 모든 분모를 똑같게 만드는 거죠. 그런데 분모가 죄다 서로 다른데 어떻게 똑같게 만들 수 있을까요? 이건 약간 머리를 굴려야 하는데요, 짧게 이야기하자면 '분모에 있는 모든 수로 나누어지는 수', 달리 표현하면 '분모에 있는 모든 수의 배수(어떤 수의 몇 배가 되는 수)가 되는 수'를 찾으면 됩니다. 여기서는 6, 12, 7, 1이 분모에 있군요.

이 1, 6, 7, 12의 배수 중 이 네 수의 배수이면서 가장 작은 수를 '최소공배수(공통 배수 중 가장 작은 수)'라고 합니다. 여기서는 84입니다. 이것을 이용하면 저 등식의 균형을 깨지 않을 수 있어요. 자, 이제 모든 분수의 분모를 84

로 만들어 볼까요? 이때 주의할 점이 있습니다. 바로 분모를 84로 만들기 위해 특정 수를 분모에 곱했다면, 분자에도 똑같은 수를 곱해야 한다는 거예요. 예를 들어 첫 번째 분수 x/6은 분모 6에 14를 곱해야 84가 되므로 분자에도 14를 곱해야겠죠.

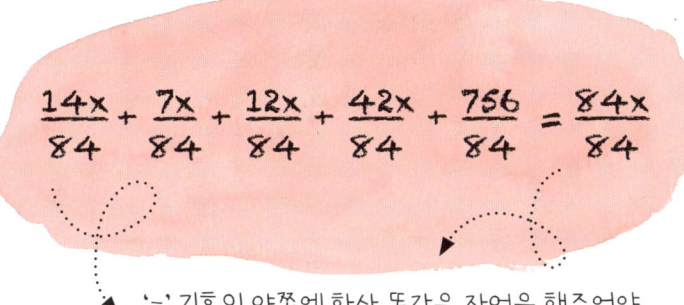

'=' 기호의 양쪽에 항상 똑같은 작업을 해주어야 된다는 점을 기억하세요.

분수의 위아래에 같은 수를 곱하면 이 분수의 값은 변하지 않습니다. 4/2의 위아래에 똑같이 2를 곱하면 8/4가 되고, 이 둘의 값은 같지요.

이제 x가 들어 있는 것과 아닌 것들을 모아 놓습니다.

$$\frac{75x}{84} + \frac{756}{84} = \frac{84x}{84}$$

이제 84를 모두 없애 버려도 시소의 균형은 여전히 유지되겠죠.

$$75x + 756 = 84x$$

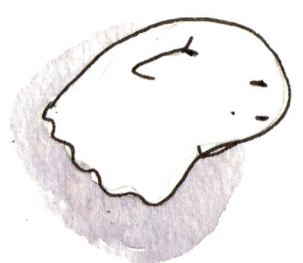

한쪽에 x만 혼자 남겨 두는 게 목표라는 것, 기억하고 있지요?

그럼 양쪽에서 똑같이 75x씩을 빼버립시다.

$$756 = 9x$$

답에 거의 다 왔어요!

이제 양쪽을 9로 나누면 오른쪽에는 x만 남습니다.

$$\frac{756}{9} = \frac{9x}{9} \quad \cdots\cdots\rightarrow \quad 84 = x$$

디오판토스는 84세까지 살았군요.

혹시 디오판토스의 나이가 문제에 나온 그의 나이와 관련된 숫자들의 최소공배수라는 점을 눈치챘나요? 이렇게 답이 처음부터 드러난 이유를 설명할 수 있나요?

오늘날 대수학에서 방정식을 풀 때는 알 콰리즈미의 방법이 핵심입니다. 이 방식은 기본적으로 풀고자 하는 문제를 작은 부분으로 나누어 하나씩 논리적으로 파고듭니다. 이 과정을 기호를 이용하여 표현하면 매 단계에 어떤 작업이 이

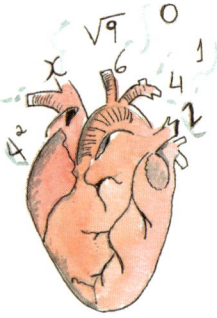

루어지는지를 훨씬 쉽게 바라볼 수 있어요. 사실 어떤 문제가 주어졌을 때 방정식으로 정확하게 표현하는 것만으로도 문제의 절반을 푼 것이나 마찬가지랍니다.

방정식과 대수학은 비단 수학 분야에서만 혁명적인 방법이 아니었어요. 이제 많은 철학자와 인문학자들이 연구 대상을 잘게 쪼개어 하나씩 논리적으로 바라보기 시작했거든요. 이것이 바로 현재 우리가 당연하게 생각하는 '논리적 추론'입니다.

1596년에 태어나 1650년에 사망한 프랑스 철학자 르네 데카르트(René Descartes)는 이 방법을 최초로 사용한 학자들 중 한 사람입니다. 그가 쓴 책 『방법서설』에서 데카르트는 다양한 문제와 주장들이 참인지 아닌지를 다루었습니다. 그는 궁극적으로 의심의 여지 없이 받아들일 수 있는 진실은 자신이 '생각한다'는 것이고, 그렇기 때문에 '존재한다'라고 이야기했습니다. 이 말을 좀더 파고들면, 그가 스스로 생각해서 어떤 주장을 떠올리고 이를 표현하고 있다는 것은 그런 생각을 만들어 낸 데카르트 자신이 존재하고 있다는 의미입니다. 더 간단히 줄여서 말하자면 이런 겁니다. "나는 생각한다. 그러므로 존재한다."

데카르트가 낸 결론에서 알 콰리즈미가 말한 시소가 확연히 드러납니다. 그는 자신의 주장이 균형을 잃지 않도록 하면서 다양한 요소들을 주장에 더하거나 뺐습니다. 그리고 마침내 문제의 핵심에 도달했습니다.

2부
수학이 좋아지는 놀이

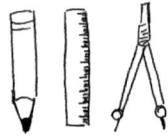

지금까지 배운 내용을 이용해서 이제부터 재미있는 게임을 해 볼까요?

우선 확실히 해두고 싶은 게 있어요. 수학의 역사는 이 책에 나온 것이 전부가 아니라는 점입니다. 데카르트 이전은 물론이고, 이후에도 많은 수학자가 새로운 이론을 만들어 내고, 지금껏 몰랐던 것을 지금도 계속해서 발견하고 있거든요.

컴퓨터나 스마트폰으로 할 수 있는 일들을 생각해 보세요. 놀랍지 않나요? 이런 물건들은 사실상 수학을 이용해서 동작한답니다. 게다가 여기에 사용되는 기본 원리 중 많은 것들이 컴퓨터나 스마트폰이 등장하기 훨씬 이전에 만들어졌어요.

좋은 예로 19세기에 스스로 작업을 수행하는 기계를 상상한 수학자 에이다 러브레이스(Ada Lovelace)가 있어요. 그녀는 방정식을 푸는 기계를 만들고 싶었습니다. 당시에 공상 속에나 존재할 법하다고 여겨졌던 러브레이스의 아이디어와 연구는 현재 컴퓨터 프로그래밍의 토대가 되었습니다.

매일 사용하는 컴퓨터 안에 수학이 가득 차 있다는 건 쉽게 알 수 있지만 사실 둘러보면 수학은 어디에나 넘쳐납니다. 쉽게 눈에 띄지 않지만 수학으로 움직이는 또 하나의 분야는 바로 머리를 쓰는 게임 분야입니다.

이제 그런 게임 여러 가지를 알려 줄 거예요. 카드 게임, 보드게임, 숫자감각을 키우는 게임, 머리를 써야 되는 게임 들을 하면서 지능적, 논리적으로 생각하는 활동을 즐길 수 있을 겁니다.

친구나 가족과 함께 모여 앉아서 한다면 더욱 즐거울 거예요.

0과 1만으로 사고팔기

참가자 : 2명 이상

★ 준비물
- 한 명당 7개의 콩(또는 작은 물체 아무거나)
- 한 명당 6장의 카드(0이 쓰인 카드 3장, 1이 쓰인 카드 3장): 책 뒤쪽에 있는 그림을 이용해서 카드를 만들어요. 아니면 갖고 있는 트럼프 카드 중 붉은색 글씨가 쓰인 카드는 0, 검은색 글씨가 쓰인 카드는 1이라고 생각하고 사용해도 좋습니다.
- 종이와 연필 : 계산할 때 사용합니다.

★ 게임 설명

참가자는 각자 자신의 가게에서 세 가지 거래 방법으로 콩을 팝니다. 사는 사람은 0과 1이 표시된 카드로 사고자 하는 콩의 양을 이진수로 만들어서 내면 지불하면 됩니다. 모두 동일한 횟수만큼 거래하고 나면 누가 콩을 제일 많이 손에 넣게 될까요?

1을 이진수로 표현하면 1

2를 이진수로 표현하면 10

3을 이진수로 표현하면 11

4를 이진수로 표현하면 100

5를 이진수로 표현하면 101

6을 이진수로 표현하면 110

7을 이진수로 표현하면 111

이 게임에서는 7까지만 알면 돼요. 그럼 28도 이진수로 쓸 수 있나요? 145는요?

게임을 시작해 볼까요

★ 게임 준비

- 매회 참가자 전원이 한 번씩 갖고 있는 콩을 팔 수 있어요.
- 카드를 잘 섞은 후 모여 앉은 자리의 가운데에 숫자가 보이지 않도록 카드를 엎어서 쌓아 놓습니다.
- 각 참가자는 카드를 2장씩 뽑고, 다른 사람에게는 보여 주지 않습니다.

★ 게임 방법

- 다음과 같이 한 판이 이루어집니다.
- 첫 번째 판매자가 콩 7개를 세 묶음으로 나누어 놓습니다.

> tip. 콩 7개를 세 묶음으로 나누면 각 묶음마다 콩의 수가 1-1-5, 1-2-4, 1-3-3, 2-2-3 중의 한 가지가 됩니다. 이 중 어떤 방식을 선택할지는 파는 사람의 마음에 달려 있어요.

- 나머지 참가자들은 차례대로 자신이 가진 카드 중 한 장을 뽑아서 숫자가 보이게 내려놓고, 새 카드를 한 장 뽑아 갑니다. (손에 항상 카드 2장을 들고 있어야 해요.)

- 이제 참가자들은 손에 든 카드 중에서 또 한 장을 뽑아서 아까 내려놓은 카드 왼쪽이나 오른쪽에 나란히 놓습니다.

- 손에서 카드를 한 장씩 더 뽑아서 이전에 내려놓은 카드 2장의 왼쪽이나 오른쪽에 놓습니다. 2장 사이에 놓으면 안 됩니다.
- 이제 1과 0으로 이루어진 세 자릿수가 만들어졌네요. 만약 왼쪽에 놓인 카드가 0이어도 상관없습니다.
- 각자 앞에 놓인 3장의 카드를 이용해서 판매자가 만들어 놓은 콩 묶음 3개 중 하나와 맞는 이진수를 만듭니다.
- 오른쪽의 2장 또는 3장의 카드를 모두 사용해서 이진수를 만들고(예를 들어 앞에 놓인 카드가 101이면 01 또는 101을 쓸 수 있고, 110이면 10이나 110을 쓸 수 있습니다.), 콩을 살지 말지 결정합니다. 자기 앞에 카드가 1장이나 2장 있을 때 콩을 사지 않겠다면 새 카드를 받지 않고 자신의 차례가 지나갑니다. 하지만 앞에 카드가 3장 놓여 있을 때 자신의 차례가 오면 반드시 카드를 써서 콩을 사야 됩니다. 앞에 놓인 카드가 하나도 없으면 새 카드를 받아야 하며 손에는 계속 2장의 카드가 들려 있어야 합니다.

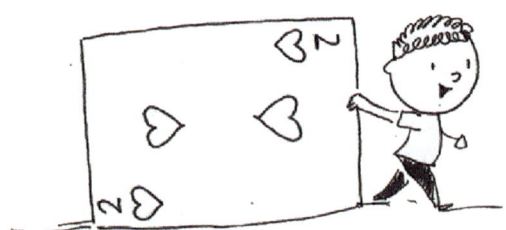

> tip 콩을 살 때는 한 묶음만 살 수 있고 여러 묶음을 살 수는 없습니다. 예를 들어 카드로 '2'(이진수로는 '10')를 만들어서 한 묶음에 콩이 1개씩 들어 있는 묶음 2개를 살 수 없습니다.

- 더 이상 뽑을 카드가 없으면 게임 과정에서 값으로 지불한 카드를 모아서 다시 쌓아 놓습니다.

- 사용된 카드를 모아서 뽑아 쓰다가 더 이상 카드가 남아 있지 않으면 그 판매자의 판이 끝납니다.
- 한 판이 끝나고 난 뒤, 팔리지 않은 콩 묶음이 남아 있을 수 있습니다. 다음 판에서 판매자가 된 참가자는 여기에 새로 콩 7개를 더한 뒤 이것을 세 묶음으로 나눕니다. (각 묶음에 들어 있는 콩은 7개를 넘지 않아야 합니다. 7이 이진수로 '111'이니까요.) 이제 새 판의 판매자 옆에 앉아 있는 사람부터 다시 게임을 시작하고 모든 사람이 한 번씩 판매자가 되어 모든 판이 끝나면 게임이 완전히 끝납니다.
- 콩을 가장 많이 가진 사람은 누구인가요?

★ 실제 게임 사례

- 3명의 참가자가 있고, 18장의 카드를 씁니다. 9장은 '1', 나머지 9장은 '0'입니다.
- 게임이 진행 중입니다. 테이블 위에는 콩 5개짜리 묶음 하나와 1개가 들은 묶음이 남아 있습니다. 1번 참가자가 한 묶음을 이미 샀네요. (이 묶음에는 콩이 1개 들어 있었습니다.) 이제 2번 참가자의 차례입니다. 2번 참가자 앞에는 '1' 카드 한 장이 놓여 있고 손에는 '0' 카드 2장이 들려 있네요.
- 2번 참가자는 이제 선택해야 합니다. 손에 든 카드 '0' 한 장을 테이블에 있는 '1' 왼쪽에 놓으면 2진수 01이 만들어지겠죠. 그러면 이것으로 콩 1개짜리 묶음을 살 수 있습니다. 만약 '0' 카드를 '1'의 오른쪽에 놓으면 2진수 10이 되지만 이것으로는 콩을 살 수 없겠네요. 하지만 이렇게 한 뒤에 '1'을 뽑는다면 다음 차례가 왔을 때 101을 만들어서 5개짜리 콩 묶음을 살 수 있습니다.

과연 어떤 선택을 할까요?

★ 더 이상 뽑을 카드가 없을 때

이때는 앞에서 콩을 사려고 사용한 카드를 모아서 다시 씁니다. 이 카드도 다 사용하면 한 판이 끝납니다.

★ 게임의 끝

모든 참가자가 한 번씩 판매자가 되고 나면 경기가 끝납니다. 물론 이 방법으로 여러 판을 해도 상관없습니다!

NOTES

피라미드 종이접기

 참가자 : 1명

★ 준비물

- 종이 2장(프린터 용지 같은 것)
- 자
- 가위
- 색연필(피라미드를 꾸미는 용도)

피라미드는 역사적으로 유명한 건축물에 그치지 않습니다. 실제로도 이 모양은 굉장히 유용하거든요. 여기서는 종이 2장을 이용한 종이접기로 피라미드를 만들어 볼 거예요. 종이접기니까 당연히 준비물은 종이와 손뿐입니다. 하지만 이번에는 가위의 힘을 딱 한 번만 빌려 보겠습니다.

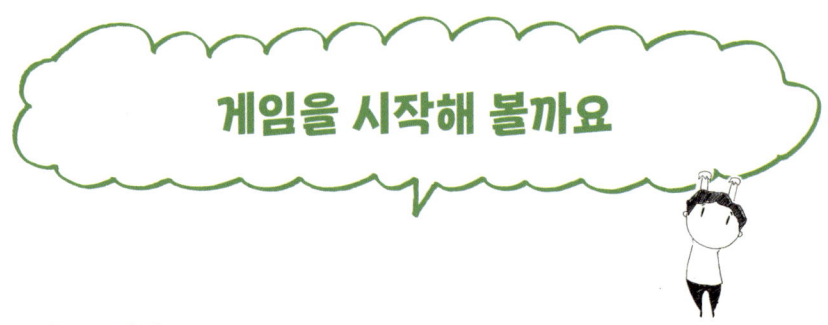

★ 만드는 방법

다음 설명에 따라 종이 2장을 각각 12단계까지 접습니다.

1. 종이를 반으로 접습니다.

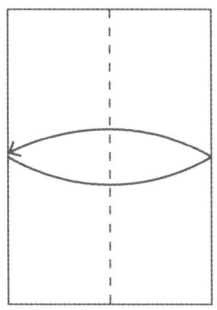

2. 종이를 펴고, 눈금을 따라 모서리가 종이의 가운데 선에 맞춰지도록 접습니다.

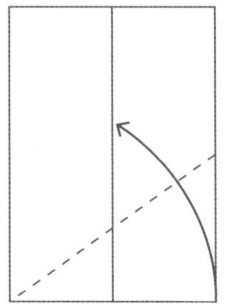

3. 접으면 이런 모양이 됩니다. 이제 종이를 뒤집습니다.

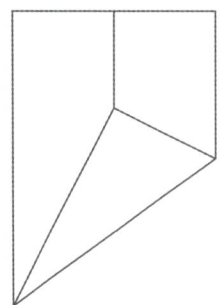

4. 옆선을 가지런히 맞춰서 접습니다.

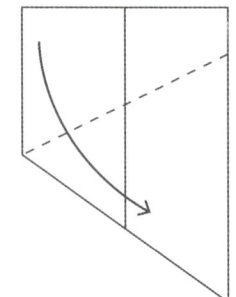

5. 접은 모양이 이렇게 되어야 합니다.

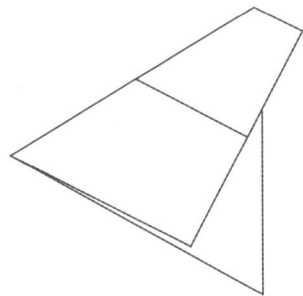

6. 종이를 다시 펼칩니다.

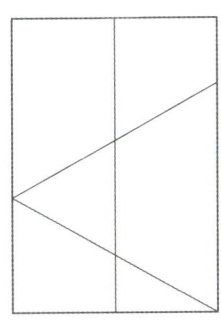

tip 종이를 접은 부분을 세게 눌러 주면 칼을 쓰지 않고도 꽤 매끄럽게 종이를 자를 수 있어요.

7. 종이를 뒤집어서 위의 과정을 반복합니다. 그럼 이런 모양이 됩니다.

8. 이 부분은 잘라 냅니다.

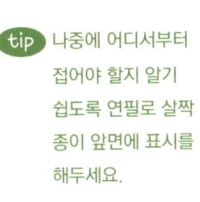

tip 나중에 어디서부터 접어야 할지 알기 쉽도록 연필로 살짝 종이 앞면에 표시를 해두세요.

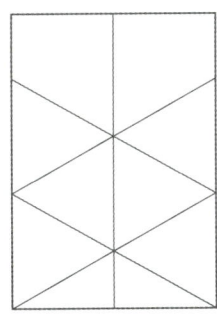

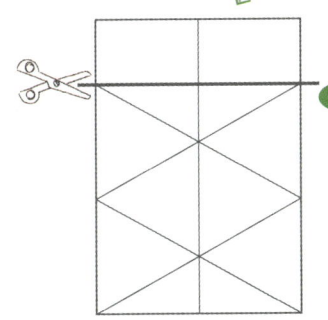

tip 일반적으로 종이접기에 사용되는 종이는 정사각형인데 프린터 용지는 정사각형이 아니니까 이 정도는 눈감아 주세요.

9. 접습니다.

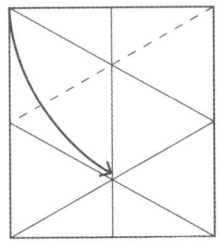

10. 여기도 접고요.

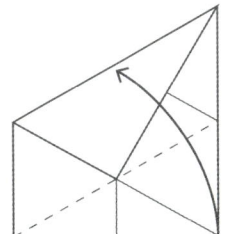

11. 이런 모양이 됩니다.

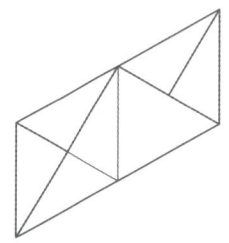

12. 종이를 뒤집어서 접힌 부분을 확실하게 접었다 폅니다.

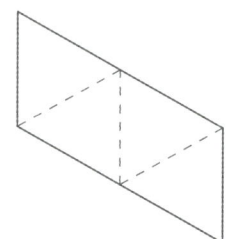

나머지 종이로 위의 과정을 똑같이 반복합니다. 다만 주의할 점이 있어요. 두 번째 종이를 접을 때에는 9번 단계에서 오른쪽에서 왼쪽으로 접고, 10번 단계에서 왼쪽에서 오른쪽으로 접어야 합니다. 두 종이의 접힌 모양이 아래 그림대로 서로 거울에 비친 모양처럼 되어야 해요.

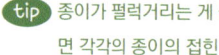 종이가 펄럭거리는 게 싫다면 각각의 종이의 접힌 부분을 풀로 붙여서 단단하게 고정합니다.

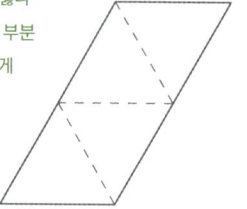
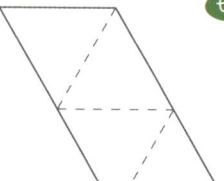

tip 색칠을 해서 예쁘게 장식해도 되지만 우선 한 번 완성한 뒤에 어느 면에 장식해야 겉으로 드러나게 될지를 알아 두는 편이 좋겠죠.

13. 왼쪽 종이를 오른쪽 종이 위에 그림처럼 올려놓습니다.

14. 아래쪽에 놓인 오른쪽의 종이를 접어서 피라미드 모양을 만들어 줍니다. 이 상태에서 왼쪽 종이는 길게 튀어나온 모양이 됩니다.

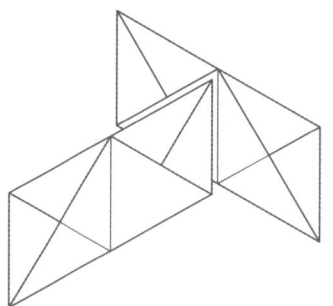
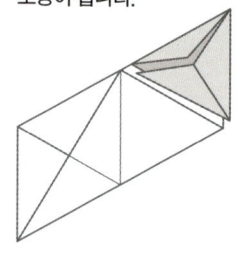

15. 왼쪽 종이도 접어서 피라미드 모양으로 만듭니다.

16. 마지막으로 남은 부분을 접힌 틈새로 밀어 넣으면 완성입니다!

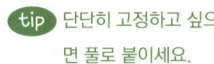 단단히 고정하고 싶으면 풀로 붙이세요.

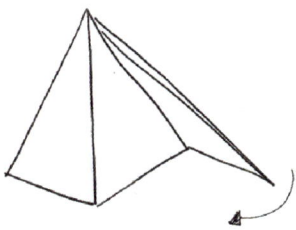

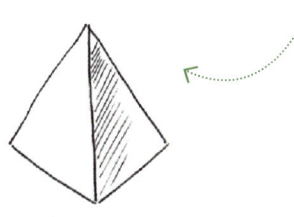

17. 각 면에 숫자를 써넣으면 주사위가 됩니다! 숫자를 쓰지 않고 면마다 다른 색을 칠해도 되니 마음대로 꾸며 보세요.

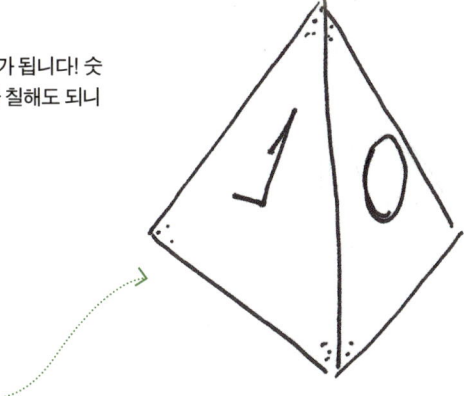

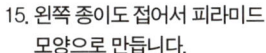 피라미드 모양의 주사위를 던질 때는 바닥을 향한 면이 나온 면이에요.

━━━ NOTES ━━━

우주 추격전

 참가자 : 2명 이상

★ 준비물

- 말판 : 게임 설명 뒤에 실린 말판을 사용하거나, 그것을 바탕으로 직접 그려서 사용해도 됩니다.
- 0, 1, 2, 3이 적힌 피라미드 모양의 주사위('피라미드 종이접기' 게임에 만드는 법이 나와 있어요.)
- 카드 두 세트 : 각 참가자는 2에서 5까지의 숫자가 적힌 카드 두 세트를 (한 명당 8장의 카드) 사용합니다. 책 뒤쪽에 있는 그림을 이용해서 카드를 직접 만들어 써도 됩니다.
- 우주선을 상징하는 말 : 동전 같은 물건을 사용해도 상관없습니다. 중요한 건 말마다 색깔이 달라야 하고 말판 위에 놓기에 적당한 크기여야 한다는 거예요.

각 참가자의 말은 지구에서 출발해 달을 거쳐 화성까지, 심지어 화성의 위성인 포보스에도 들른 다음에 지구로 돌아옵니다. 연료를 아껴서 알맞은 순간에 안전하게 지구로 돌아오려면 계산을 해야 하니까 머리를 쓸 준비를 해 두세요.

게임을 시작해 볼까요

★ **게임 준비**

참가자마다 2에서 5까지의 숫자가 적힌 카드 두 세트를 (따라서 2부터 5까지 적힌 카드가 각각 2장씩입니다.) 사용합니다. 이 카드가 우주선의 연료인 셈입니다. 게임이 시작되면 모든 참가자는 자신의 카드에서 3장씩을 뽑은 뒤 나머지 카드는 보이지 않도록 엎어 놓습니다. 그리고 모두 우주선을 '지구' 위치에 놓습니다.

★ **우주의 상태**

게임마다 어느 한 사람이 주사위를 던져서 우주의 상태를 결정합니다. 이렇게 결정된 상태는 모든 참가자에게 똑같이 적용됩니다. 자신의 차례가 올 때마다 이 수를 이용해서 계산해야 합니다. 매번 새로 게임을 시작할 때마다 주사위를 던져야 한다는 점을 잊지 마세요.

우주의 상태

0	아무런 문제가 없습니다.
1	유성이 있습니다. 움직임을 1씩 줄여야 합니다.
2	무언가 확인되지 않은 물체가 있습니다. 움직임을 2씩 줄여야 합니다.
3	우주 폭풍이 불고 있어요! 중력장이 영향을 받는군요. 움직임을 3씩 줄여야 합니다.

★ 네 가지 우주 구역

우주선이 가는 길에는 네 종류의 특별한 우주 구역이 있습니다. 그리고 같은 칸 위에 여러 우주선이 동시에 있을 수 있어요. 우주는 엄청나게 큽니다. 구역마다 연료량에 곱해지는 값이 다르고 이 값은 말판에 표시되어 있습니다. 매번 엎어 놓은 카드에서 카드를 뽑은 뒤에는 자신의 우주선이 어느 구역에 있는지 확인하고 연료량을 계산하세요. (출발은 '이륙' 칸에서 합니다.)

우주 구역에 따라 연료량에 곱해지는 값

×3	이륙 구역	지구에서 이륙할 때는 연료가 많이 듭니다.
×4	기동 구역/지구 접근	우주선이 이리저리 방향을 바꾸며 움직이므로 속력이 떨어집니다.
×5	추월 구역	높은 수가 표시된 카드로 화성의 중력을 이용해서 속력을 높여 추월합니다.

몇 칸을 움직일 수 있을까요?

항상 정수만큼 갈 수 있습니다. 계산 결과가 소수로 나오면 소수점 아래는 버립니다.

이동 점수	움직일 칸 수
4 이하 --------->	0 (낮은 수의 카드를 이때 써버리세요.)
5~9 --------->	1
10~14 --------->	2
15~19 --------->	3
20~24 --------->	4
25 --------->	5(최고의 플레이: 5×5-0)

★ 게임 방법

　우주 추격전은 2에서 5까지의 숫자가 써진 카드로 연료량을 계산해서 우주선 말을 움직이는 게임입니다. 우선 누구부터 카드를 뽑을지 순서를 정해야겠죠. 1분 안에 태양계의 행성 이름을 가장 많이 말한 사람부터 하는 건 어떨까요? 가위바위보로 정해도 좋아요.

말 움직이기

　자기 차례가 오면 손에 들고 있는 카드 3장 중 한 장을 뽑아서 우주선의 연료를 채웁니다. 이 값과 현재 우주선이 위치한 구역 그리고 우주의 상태에 따라 우주선이 움직일 칸 수가 정해집니다.

　한 칸을 움직이려면 이동 점수 5점이 필요하고, 두 칸은 10점, 세 칸은 15점이 필요합니다. 소수점 아래의 점수는 버려지므로 처음에 카드를 뽑을 때 잘 생각해야겠죠.

　움직일 칸 수를 계산하는 과정을 수식으로 나타내면 이렇습니다.

$$\frac{카드 \times 우주\ 구역 - 우주\ 상태}{5} = 움직일\ 칸\ 수$$

　이 식으로 계산한 후 소수점 아래는 버립니다. 우주선을 움직이고 나면 사용한 카드는 제쳐 두고 각자의 카드 세트에서 새로 한 장을 뽑아서 항상 손에 3장을 들고 있어야 합니다.

★ 실제 게임 사례

- 지구에서 시작합니다. 우주선이 지구의 대기권을 벗어나려면 연료가 많

이 들기 때문에 곱하는 값은 3입니다. 그래도 곱하는 값 중에서는 제일 작습니다.

- 모두 자신의 카드를 손에 든 상태에서 우주의 상태를 결정하는 주사위를 던집니다.
- 주사위를 던져 보니 2가 나왔군요. 이런! 미확인 물체가 있네요. 그러면 모두 두 칸씩 덜 가야 합니다.
- 1번 참가자가 카드 4를 뽑았다면 연료를 낭비하지 않고 두 칸을 전진할 수 있습니다.

$$\frac{\{4(카드의\ 숫자) \times 3(우주\ 구역) - 2(미확인\ 물체)\}}{5} = 2칸$$

이 식에 따라 1번 참가자는 연료를 허비하지 않고 두 칸을 갈 수 있습니다.

- 2번 참가자는 손에 4가 없고 5, 1, 2 카드를 들고 있네요. 2나 3을 쓰면 저 식을 계산한 값이 1보다 작아지므로 한 칸이라도 가려면 4나 5 카드를 써야 합니다.
- 참가자 2번이 카드 5를 쓰면 이동 점수가 13점이 되어 두 칸을 갈 수 있지만 이동 점수 3점은 아깝게도 버려야 합니다.

★ 더 이상 뽑을 카드가 없을 때

더 이상 뽑을 카드가 없으면 각자 이미 사용한 카드를 섞어서 다시 사용합니다. 게임이 끝날 때까지 이렇게 합니다. 우주선은 재활용 연료를 쓸 수 있지만 그러려면 시간이 조금 걸린답니다!

★ 게임의 끝

이 게임의 결승점은 지구입니다. 여러 사람이 이 경쟁을 지켜보고 있지요. 참가자 한 명이 제일 먼저 지구 대기권에 들어서면 모두가 한 번씩 카드를 뽑고 게임이 끝납니다. 지구 대기권인 다섯 칸을 지나면 지구입니다. 게임이 끝났을 때 지구와 가장 가까이에 있는 사람이 이기는 겁니다! 만약 우주선 두 대가 귀환 구역의 같은 칸에 있다면 비긴 거고요. 이럴 때는 함께 승리를 축하하면 되겠지요.

NOTES

눈썰미 왕

 참가자 : 3~6명

★ 준비물

- 속이 보이지 않는 주머니나 가방
- 병뚜껑이나 단추 같은 작은 물건 최소 25개.
- 종이와 연필 : 점수를 기록해야죠!

'눈썰미 왕'은 순간적인 파악 능력을 활용하는 게임입니다. 마트에서 어느 계산대의 줄이 짧은지를 힐끗 보고도 순식간에 파악하듯 타고난 능력을 발휘해야 합니다.

게임을 시작해 볼까요

★ 게임 준비

　같은 종류의 작은 물건 여러 개가 있어야 합니다. 준비한 주머니에 25개가 손쉽게 들어갈 정도로 작아야 해요. 병뚜껑이나 단추 같은 게 좋겠네요. 반드시 한 가지 종류이면서 (동전과 병뚜껑을 섞지 마세요.) 색이나 크기, 모양이 모두 다른 것으로 준비하세요.

★ 게임 방법

준비물을 눈에 익히기

　참가자들은 게임에 사용할 단추나 병뚜껑을 잘 기억해야 합니다. 준비한 작은 물건을 모두 테이블에 펼쳐 놓고 어떤 물건이 있는지 파악합니다. 색깔, 크기, 재질 등을 눈여겨봅니다.

> **tip** 물론 방바닥에 펼쳐 놓고 살펴봐도 됩니다. 중요한 건 물건의 특징을 유심히 보는 거예요.

　어떤 종류의 물건을 게임에 사용하느냐에 따라 기억해야 할 특징이 달라집니다. 병뚜껑이라면 물병 뚜껑인지, 탄산음료 뚜껑인지, 단추라면 동그란 모양인지 네모난 모양인지 등이 있겠네요.
　예를 들어 24개의 플라스틱 병뚜껑을 준비했다면 이런 식으로 나눌 수 있어요.

- 작은 뚜껑 20개, 큰 뚜껑 4개
- 빨간색 15개, 검은색 1개, 녹색 8개
- 녹차 뚜껑 12개, 우유병 뚜껑 4개, 콜라 뚜껑 1개, 물병 뚜껑 7개

게임 방법

- 준비한 물건들을 봉투에 넣어 둡니다. 참가자 중 한 명이 봉투 안을 들여다보지 않고 두 움큼을 쥐어 테이블에 펼쳐 놓습니다.
- 그런 뒤 다른 참가자 한 명이 이번 판에 적용할 분류 기준을 정합니다. 그 사람이 "왼손을 드세요."라고 말하면 모두 왼손을 듭니다. 연이어 분류 기준을 말한 뒤 "시작!"이라고 외치면 모두 부지런히 손을 움직입니다.

tip 그러면 이번 판에는 모두 왼손만 쓸 수 있습니다.

예를 들어 "왼손을 드세요. 큰 뚜껑을 잘 보세요!"라고 말한다면 색깔에 상관없이 크기가 큰 것을 고르면 됩니다. 만약 "빨간 뚜껑을 잘 보세요!"라고 말한다면 크기와 관계없이 빨간색 뚜껑을 집으면 됩니다. 이때 중요한 건 누구나 쉽게 보고 알 수 있는 분류 기준을 정하는 거예요.

- 각 참가자는 임의로 정한 기준에 맞는 물건을 가능한 한 많이 확보해야 합니다. 이때 지켜야 하는 규칙이 있어요.

1. 한 번에 1개만 집을 수 있습니다. 집은 물건을 자기 앞

에 가져다 놓은 뒤 다음 물건을 집을 수 있고, 같은 손으로만 해야 합니다.

2. 먼저 손을 댄 사람이 물건을 가져갑니다. 누구의 손이 먼저 닿았는지 확실하지 않다면 그들을 제외한 나머지 사람들만 그 물건을 가져갈 수 있습니다.

3. 모든 참가자가 기준에 맞는 물건이 더 이상 남지 않았다는 데 동의하면 각자 물건을 몇 개씩 확보했는지 세어 봅니다.

4. 기준에 맞는 물건 1개마다 1점을 얻습니다.

5. 종이에 각자의 점수를 기록합니다. 각자 확보한 물건을 옆으로 치워 놓고 나중에 세어 보아도 됩니다.

6. 기준에 맞지 않는 물건을 가져간 경우에는 제대로 고른 물건 1개를 반납합니다. 잘못 고를 때마다 1점씩 잃는 거죠. 잘못 고른 물건과 반납한 물건은 테이블 위에 따로 모아 둡니다.

7. 다음 판을 시작하려면 참가자 한 명이 봉투에서 또 한 움큼을 꺼내어 이전 판에 남은 것과 합칩니다. 게임을 계속합니다!

★ 실제 게임 사례

- 게임이 진행 중입니다. 테이블 위에는 이전 판에서 남은 병뚜껑 5개가 있네요. 검은색 1개, 녹색 1개, 빨간색 3개입니다.
- 한 명이 봉투에서 병뚜껑 12개를 더 꺼냈습니다. 이제 검은색 1개, 녹색 3개, 빨간색 12개가 되었습니다.
- 한 명이 "오른손을 드세요."라고 말하자 다들 집중합니다. "녹색 뚜껑을 잘 보세요." 이제 다시 시작입니다.
- 테이블 위에 더 이상 녹색 뚜껑이 없다고 모두의 의견

이 일치하면 이제 점수를 계산합니다.

- 1번 참가자는 녹색 뚜껑 1개를 집었으니 1점을 얻습니다.
- 2번 참가자는 하나도 못 집었군요. 이번 판의 점수는 0점입니다.
- 3번 참가자는 녹색 뚜껑 2개를 집었지만, 너무 서두르다가 빨간 뚜껑 1개도 같이 집고 말았습니다. 1점 감점입니다. 녹색 병뚜껑 1개와 빨간 병뚜껑을 반납합니다.

★ 게임의 끝

봉투에 더 이상 물건이 남아 있지 않으면 게임이 끝납니다. 당연히 가장 높은 점수를 얻은 사람이 이깁니다.

———————————— NOTES ————————————

파이의 바다

참가자 : 2~6명

★ 준비물

- 여러 색의 색연필
- 종이
- 파이의 값을 복사한 종이(책을 펼쳐 놓고 게임을 해도 되지만, 156쪽을 복사해서 쓰면 게임을 여러 번 할 때 편해요.)

파이는 끝없이 숫자가 계속되기 때문에 오래전부터 수학자들은 파이를 더 많이 계산해 내는 놀이를 즐겼습니다. (물론 고생도 많이 했죠.) 숫자가 끝없이 이어지기 때문에 원하는 수가 어딘가에 있기 마련이죠. 파이가 적힌 종이에서 원하는 수를 누가 먼저 찾는지 겨루는 게임을 해보면 어떨까요?

게임을 시작해 볼까요

★ 게임 준비

156, 157쪽 중에서 아무 쪽이나 한 장 복사합니다. (두 장의 숫자가 동일합니다.) 각자 다른 색깔의 색연필을 한 자루씩 준비합니다.

★ 게임 방법

- 한 판은 이렇게 진행됩니다.
- 참가자 1번이 파이의 숫자가 적힌 종이에서 찾을 수를 제시합니다. 예를 들어 파이가 3.14……로 시작하니 '0314'라고 해도 되겠네요.

> tip 파이는 줄이 바뀌어도 계속 이어진다는 점을 꼭 기억하세요!

이런 숫자들도 괜찮겠네요.
- 오늘 날짜(7월 21일이면 0721)
- 자신의 생일
- 응원하는 스포츠팀의 최근 점수

월과 일처럼 각각 두 자릿수이면서 의미가 있는 수를 제시하면 게임이 더 재미있을 거예요.

> **tip** 세 자리 이상의 수는 이 책의 파이 숫자 종이에 없을 수도 있어요. 이럴 땐 인터넷에서 파이 숫자를 찾아서 이 책의 것보다 더 많이 프린트해서 사용하면 됩니다.

- 제시된 숫자를 가장 먼저 찾은 사람은 그 수를 색연필로 표시하고 1점을 얻습니다.
- 이번 판에 사용한 파이 숫자 종이를 다음 판에 다시 써도 됩니다.

※ 게임의 끝

참가자들이 원할 때 언제든지 게임을 마칠 수 있습니다. 파이가 써진 종이에 색연필 표시가 너무 많아져서 더 이상 사용하기 힘들 때 끝내도 됩니다.

```
3.14159265358979323846264338327950288419716939937510582097 4
44592307816406286208998628034825342117067982148086513282 30
66470938446095505822317253594081284811174502841027019385 211
05559644622948954930381964428810975665933446128475648233 786
78316527120190914564856692346034861045432664821339360726 024
91412737245870066063155881748815209209628292540917153643 678
92590360011330530548820466521384146951941511609433057270 365
75959195309218611738193261179310511854807446237996274956 735
18857527248912279381830119491298336733624406566430860213 949
46395224737190702179860943702770539217176293176752384674 818
46766940513200056812714526356082778577134275778960917363 717
87214684409012249534301465495853710507922796892589235420 199
56112129021960864034418159813629774771309960518707211349 999
99837297804995105973173281609631859502445945534690830264 252
23082533446850352619311881710100031378387528865875332083 81
42061717669147303598253490428755468731159562863882353787 59
37519577818577805321712268066130019278766111959092164201 989
```

3.141592653589793238462643383279502884197169399375105820974
94459230781640628620899862803482534211706798214808651328230
66470938446095505822317253594081284811174502841027019385211
05559644622948954930381964428810975665933446128475648233786
78316527120190914564856692346034861045432664821339360726024
91412737245870066063155881748815209209628292540917153643678
92590360011330530548820466521384146951941511609433057270365
75959195309218611738193261179310511854807446237996274956735
18857527248912279381830119491298336733624406566430860213949
46395224737190702179860943702770539217176293176752384674818
46766940513200056812714526356082778577134275778960917363717
87214684409012249534301465495853710507922796892589235420199
56112129021960864034418159813629774771309960518707211349999
99837297804995105973173281609631859502445945534690830264252
23082533446850352619311881710100003137838752886587533208381
42061717766914730359825349042875546873115956286388235378759
37519577818577805321712268066130019278766111959092164201989

알쏭달쏭 수수께끼

참가자 : 1명 이상

★ 준비물

- 연필
- 종이
- 두뇌
- 인내심 약간

계산이나 논리적 추론을 이용한 수수께끼나 퀴즈는 아주 오래전부터 있었습니다. 디오판토스를 기억하죠?

다음에 소개하는 게임들은 혼자서 즐겨도 좋고, 친구들끼리 서로 문제를 내어 누가 더 먼저 푸는지를 겨뤄 보아도 좋습니다.

피규어 나누기

4명의 남매가 있습니다. 올해 열여덟 살인 큰형 로버트가 그동안 열심히 모아 온 만화영화 주인공들의 피규어를 나눠 준다고 선언했습니다. 그러자 동생 3명이 서로 형의 피규어를 갖겠다고 다투었습니다.

브루스는 둘째인 자기가 가져야 한다고 주장했습니다. 막내 찰스는 당연히 가장 어린 자기가 장난감을 받아야 한다고 생각했지요. 셋째 비아는 자기가 만화영화를 제일 좋아하므로 큰오빠의 장난감을 물려받을 자격이 있다고 반박했습니다.

동생들의 이야기를 듣고 난 로버트는 "그럼 '우주 추격전' 게임을 해서 1등을 한 사람에게 피규어의 반을 주고, 2등에게는 1/3을 주고, 3등에게는 1/9를 주겠다."라고 말했습니다.

게임을 해서 비아가 1등, 브루스가 2등, 찰스가 3등을 차지했습니다. 막상 피규어를 나누는 순간이 오자 셋은 매우 당황했습니다. 피규어가 35개였기 때문에 로버트가 말한 기준에 딱 맞게 나눌 수가 없었거든요.

"35개 반이면 17.5잖아. 난 인형을 반으로 쪼개긴 싫다고." 비아가 투덜댔습니다.

"35의 1/3도 딱 떨어지지 않잖아. 누구 남는 거 나한테 넘겨줄 사람 없어?" 브루스가 이야기했지만 아무도 그럴 생각이 없었습니다.

자기 차례를 기다리다 지친 찰스가 큰형을 불렀고, 로버트가 해결책을 내놓았습니다.

"내가 간직하려던 피규어 하나를 일단 여기에 포함해서 다시 각자의 몫을 계산해 보자."

피규어 개수가 36개가 되자 각자 자기 몫을 깔끔하게 계산해서 가져갈 수 있었습니다. 마지막에 남은 피규어는 로버트가 가져가야겠죠? 그런데 2개가 남았네요!

4남매가 계산한 방법은 무엇일까요?

각자에게 할당된 피규어가 몇 개인지 적어 보세요.

로버트	----------→	2
비아	----------→	
브루스	----------→	
찰스	----------→	

아빠와 딸의 나이

다음 수수께끼를 풀어 보세요.

"아빠는 딸보다 나이가 4배 많습니다. 20년 뒤에는 아빠의 나이가 딸 나이의 2배가 됩니다. 아빠와 딸의 나이는 각각 몇 살일까요?"

행운의 수

중국에서는 8이 행운을 가져오는 수라고 생각합니다. 그래서 2008년 베이징 올림픽이 2008년 8월 8일에 개막했어요.

8을 8개 이용해서 더하기만으로 1000을 만들어 보세요.

펜은 얼마일까요?

공책 1권과 펜 1개를 묶어서 1500원에 파는 가게가 있습니다. 공책은 펜보다 1000원 더 비쌉니다.

펜은 얼마일까요?

무사히 강 건너기

어느 농부가 옥수수를 등에 지고 표범 한 마리와 닭 한 마리를 데리고 길을 가고 있습니다. 그러다 농부는 다리가 없는 강을 만났습니다. 강가에 있는 작은 빈 배 한 척을 본 농부는 이 배를 타고 강을 건너기로 합니다.

그런데 배가 너무 작아서 한 번에 다 탈 수가 없습니다. 표범, 닭, 옥수수 중에 하나만 실을 수 있습니다. 농부가 옥수수를 지고 배를 타면 표범과 닭이 남을 텐데 그러면 표범이 닭을 잡아먹겠죠. 그렇다고 표범을 데리고 타면 닭이 옥수수를 먹어 버릴 테고요.

농부가 무사히 모두를 강 건너편으로 옮겨 놓으려면 배를 타고 강을 몇 번 건너야 할까요?

무거운 진주 찾기

상인이 진주 8개를 팔려고 합니다. 크기가 거의 같아 보이지만 그중 1개만 나머지보다 더 무겁습니다. 당연히 상인은 이 진주의 값을 좀 더 받고 싶어 합니다. 상인은 진주를 팔 때 사용하는 양팔 저울을 갖고 있습니다.

tip 양팔 저울은 시소와 원리가 같습니다. 양쪽에 아무것도 올려놓지 않으면 좌우가 수평을 이룹니다. 한쪽 접시에만 뭔가를 올려놓으면 그쪽은 내려가고 반대쪽은 올라갑니다.

저울을 세 번만 이용해서 제일 무거운 진주를 찾아내려면 어떻게 해야 할까요?

tip 8개 중 가장 무거운 진주를 저울을 2번만 이용해서 찾을 수도 있어요.

뻔뻔한 친구 찾기

 친구 넷이서 놀이공원에 갔는데 한 명이 돈을 안 내고 슬쩍 들어갔습니다. 직원이 이들을 붙잡아서 누가 공짜로 들어왔는지 찾아내려고 합니다.

 레너드는 "저는 아니에요."라고 외쳤습니다. 헨리는 "안드레가 돈을 안 냈어요."라고 합니다. 라파엘은 "헨리가 그랬어요."라고 하고, 안드레는 "라파엘이 거짓말하는 거예요."라고 말했습니다.

 넷 중에서 거짓말하는 친구는 한 명입니다. 누구일까요?

팀 나누기

친구들이 A와 B팀으로 나누어 축구를 하고 있는데 양쪽의 사람 수가 똑같지 않습니다. 그러자 A팀이 B팀에게 이렇게 말했습니다.

"너희 쪽에서 한 명이 우리 쪽으로 오면 되잖아? 그럼 양쪽이 같아지니까."

그러자 B팀에서 이렇게 맞받아칩니다.

"그건 안 되지. 너희 팀에는 잘하는 애들만 있잖아. 오히려 한 명이 우리 쪽으로 오는 게 낫다고."

그렇게 하면 B팀의 사람 수가 A팀의 두 배가 되므로 A팀의 친구들은 이 말을 들은 척도 안 합니다.

각 팀의 인원은 몇 명일까요?

벽돌의 무게

집을 짓는 중인 마크는 벽돌을 사기 위해 벽돌 공장에 찾아갔습니다. 마크가 벽돌 무게를 물었습니다.

그런데 담당자가 수학을 엄청 좋아하는지 이렇게 답합니다.

"벽돌 1개에 1kg하고 벽돌 반 개 무게입니다."

당황한 마크를 도와줄 수 있나요? 벽돌 하나의 무게는 얼마일까요? 벽돌 1개 반의 무게는요?

양동이로 물 떠 오기

피터가 물을 뜨러 우물에 갔습니다. 정확히 물 4리터를 떠 와야 하는데 양동이는 2개입니다. 한 양동이는 5리터짜리, 다른 양동이는 3리터짜리입니다.

어떻게 하면 딱 4리터를 떠 올 수 있을까요?

새로운 숫자로 계산하기

어떤 나라에 갔더니 우리와 전혀 다른 기호를 사용해서 수를 표시하고 있습니다. 이 나라 사람들이 쓰는 기호와 우리에게 익숙한 숫자를 섞어서 써도 계산할 수 있을까요?

아래의 식에서 곱하기의 결과는 무엇일까요?

🐝 + 🌼 = 10

🌼 − 🐝 = 8

🌼 × 🐝 = ?

나누기의 답은 무엇일까요?

🐕 + 🐶 = 20

🐕 − 🐶 = 10

🐕 ÷ 🐶 = ?

정답

피규어 나누기

18, 12, 4입니다.

이 문제의 핵심은 최소공배수입니다. 2, 3, 9 모두로 나누어지는 수를 찾는 문제입니다. 피규어 1개를 추가하면 모두 36개이므로 문제에 나온 모든 나누기를 깔끔하게 계산할 수 있습니다.

아빠와 딸의 나이

아빠는 40세이고 딸은 10세입니다.

행운의 수

888 + 88 + 8 + 8 + 8 = 1000

펜은 얼마일까요?

펜은 250원이고 공책은 1250원입니다.

많은 사람이 공책은 1000원이고 펜은 500원이라고 실수하기 쉽습니다. 하지만 차근차근 생각해 보면 알 수 있어요. 펜의 값을 x라고 하면 공책의 값은 x+1000원이므로 식은 다음과 같습니다.

x + (x + 1000) = 1500

무사히 강 건너기

일곱 번 건너야 합니다.

닭은 표범이나 옥수수와 같이 남아 있으면 안 되므로 닭을 데리고 여러 번 강을 건너야 합니다.

무거운 진주 찾기

먼저 진주를 4개씩 두 묶음으로 나누어 각각을 저울 양쪽의 접시에 올려놓습니다. 당연히 무거운 진주가 들어 있는 쪽으로 저울이 기울겠죠? 무거운 쪽의 진주 4개를 다시 2개씩 나누어 저울에 올려놓습니다. 역시 무거운 진주가 있는 쪽으로 기울어집니다.

이제 진주 2개를 저울에 올려놓으면 제일 무거운 진주를 찾을 수 있겠군요.

뻔뻔한 친구 찾기

안드레가 돈을 안 내고 입장했습니다.

헨리와 라파엘의 말이 다르므로 둘 중 한 명은 거짓말을 하고 있군요. 나머지 사람들이 한 이야기가 모두 맞다면 거짓말한 사람은 라파엘입니다.

팀 나누기

A팀은 5명, B팀은 7명입니다.

벽돌의 무게

벽돌 1개는 2kg입니다.

계산은 간단해요. 벽돌 반 개의 무게를 'x'라고 해보죠.

$x + 1kg = 2x$

$1kg = 2x - x$

$1kg = x$

따라서 벽돌 반 개는 1kg이고, 벽돌 1개는 2kg, 벽돌 1개 반은 3kg입니다.

양동이로 물 떠 오기

우선 5리터 양동이를 채운 뒤 이 물로 3리터 양동이를 채웁니다. 그리고 3리터 양동이의 물을 버리고 5리터 양동이에 남은 2리터를 3리터 양동이에 담습니다. 이제 5리터 양동이에 물을 새로 채우고, 이 물로 3리터 양동이를 채웁니다. 3리터 양동이에 물이 2리터 있었으므로 1리터를 더 부으면 양동이가 가득 차겠죠. 5리터가 가득 찬 양동이에서 1리터를 빼냈으므로 정확히 4리터가 남게 되었네요.

새로운 숫자로 계산하기

첫 번째 수수께끼 : 1

꿀벌 그림은 1이고 꽃 그림은 9입니다.

두 번째 수수께끼 : 3

앉아 있는 강아지 그림은 15, 서 있는 강아지 그림은 5입니다.

카드 만들기

이 페이지를 복사해도 좋고, 비치는 종이를 대고 아래의 그림을 베낀 뒤에 잘라서 카드로 사용해도 됩니다. 이 책에서 소개한 게임에 필요한 만큼 카드를 만들어 사용하세요. 이 카드로 나만의 게임을 만든다면 더욱 좋겠죠!

카드 뒷면에 풀로 두꺼운 종이를 붙이면 카드가 더 견고해지고 보기에도 예쁠 거예요.

**재미난 숫자 이야기를 읽다 보면
수학이 어렵지 않아요**

초판 1쇄 인쇄 2023년 6월 7일
초판 1쇄 발행 2023년 6월 15일

지은이 클라리시 우바 **그린이** 펠리페 토뇰리 **감수** 이동환 **옮긴이** 김일선
펴낸이 김종길 **펴낸 곳** 글담출판사 **브랜드** 글담출판

기획편집 이은지 · 이경숙 · 김보라 · 김윤아 **영업** 성홍진
디자인 손소정 **마케팅** 김민지 **관리** 김예솔

출판등록 1998년 12월 30일 제2013-000314호
주소 (04029) 서울시 마포구 월드컵로8길 41 (서교동 483-9)
전화 (02) 998-7030 **팩스** (02) 998-7924
블로그 blog.naver.com/geuldam4u **이메일** to_geuldam@geuldam.com

ISBN 978-89-93870-33-6 (73410)

책값은 뒤표지에 있습니다.
잘못된 책은 바꾸어 드립니다.

만든 사람들 ─────────
책임편집 이경숙 **디자인** 정현주 **교정교열** 오지은

> 글담출판에서는 참신한 발상, 따뜻한 시선을 가진 원고를 기다리고 있습니다. 원고는 글담출판
> 블로그와 이메일을 이용해 보내주세요. 여러분의 소중한 경험과 지식을 나누세요.